根本在于
解决实际问题

刘玉瑛　著

人民出版社

前　言

　　新华出版社曾经出版过两本在社会上有着广泛影响的畅销书籍，一本是《细节决定成败》，另一本是《关键在于落实》。前一本是汪中求先生的杰作，后一本是我的拙作。深思之，不管是"细节决定成败"也好，还是"关键在于落实"也罢，其根本都在于要更好地解决实际问题。

　　在现代社会中，解决实际问题的能力是工作者必备的一项重要技能。不管你是高层领导、中层干部，还是基层负责人；不管你是在机关工作的职员，还是在基层第一线做事的员工；无论是个人生活还是职业生涯，工作者都需要不断地面对各种挑战、各种问题，并寻找有效的解决方案来加以解决。

　　工作者提高解决实际问题的能力，不仅是在工作中更高效地完成任务、提高工作质量所必需，更是"应对当前复杂形势、完成艰巨任务的迫切需要"①。"历史总是在不断解决问题中前进的。我们党领导人民干革命、搞建设、抓改革，都是为了解决我国的实际问题。"②

而毋庸讳言，工作者虽然在工作、生活、学习中常常会遇到各种各样形形色色的实际问题，但是，许多工作者却很少，甚至从来没有接受过如何解决实际问题的教育培训，这就使得他们在面对实际问题时，有时不知所措，有时事倍功半。有鉴于此，我撰写了这本《根本在于解决实际问题》一书。

本书的最大特点，就是理论与实际结合紧密：用简洁的文字阐明道理，用具体生动鲜活的案例说明问题。不仅提出了需要思考的问题，更给出了解决问题的答案。体例也是别开生面：有理论深入阐释，有延伸阅读强化。而且，还提出了一些创新的观点和思路，给出了解决实际问题的建设性的意见和方法。

---

① 《习近平在中央党校（国家行政学院）中青年干部培训班开班式上发表重要讲话强调　年轻干部要提高解决实际问题能力　想干事能干事干成事》，《人民日报》2020 年 10 月 11 日。
② 《习近平在中央党校（国家行政学院）中青年干部培训班开班式上发表重要讲话强调　年轻干部要提高解决实际问题能力　想干事能干事干成事》，《人民日报》2020 年 10 月 11 日。

　　我在撰写本书的过程中，国内外相关问题的专家、学者所撰写的著作论文，给了我很大的启示，在此，我谨向他们致以诚挚的谢意。

　　同时，我还要对人民出版社的刘敬文先生说一句"谢谢"，他为本书的"问世"付出了辛勤的劳动。

刘玉瑛

2025 年 2 月 18 日

CONTENTS

目 录

第一章 工作的实质就是解决问题 /1

一、解决实际问题是工作的核心内容 /2

（一）工作者的基本职责 /2

（二）工作者的最大价值 /7

（三）工作者的核心能力 /11

二、工作者发展进步的核心竞争力 /16

（一）能解决实际问题才是真正有本事 /16

（二）解决实际问题是成长进步的阶梯 /18

（三）解决问题的本领决定着你的价值 /18

三、让善于解决问题成为独特优势 /20

　　（一）唯有真本事才能够立得住 /21

　　（二）唯有真本事才让人信得过 /22

　　（三）遇到问题一定不要当鸵鸟 /25

第二章　确立解决问题的新理念 /29

一、树立"凡是问题都能解决"的必胜信心 /30

　　（一）遇到问题，相信自己一定能够解决 /30

　　（二）由内而外，培养自信心增强自信力 /33

　　（三）正向思考，做积极的自我心理暗示 /35

二、解决问题的最好方法是预防问题出现 /39

　　（一）"曲突徙薪"的启示 /40

　　（二）"釜底抽薪"是根本 /44

　　（三）"见微知著"才主动 /47

三、积极面对工作中遇到的各种各样问题 /51

　　（一）问题是成长机会 /51

　　（二）问题是进步阶梯 /53

　　（三）不把问题当问题 /56

第三章　掌握解决问题的"总钥匙" /60

一、最要紧的是把思想方法搞对头 /61

（一）最重要的最根本的思想方法 /62

（二）做到实事求是的"十五字诀" /63

（三）思想方法对头才不会犯错误 /65

二、必须掌握马克思主义工作方法 /69

（一）调查研究的方法 /70

（二）问题导向的方法 /79

（三）群众路线的方法 /80

三、把马克思主义哲学作为必修课 /83

（一）在读原著学原文悟原理上下功夫 /84

（二）在真学真懂真信真用上见到实效 /85

（三）学习马克思主义哲学最根本方法 /88

第四章　提高解决问题的效率和效果 /93

一、缩短找到解决问题正确方法的时间 /93

（一）头脑风暴法 /94

（二）逻辑拆解法 /96

（三）模块化方法 /98

（四）寻求帮助法 /102

二、一切行动都要围绕达成目标来进行 /104

（一）明确目标，以防止"南辕北辙" /105

（二）紧盯目标，从根本上解决问题 /106

（三）达成目标，才能持续创造价值 /108

三、对棘手难题要学会用简单思考方式 /110

（一）复杂棘手问题并非都是难以解决的 /111

（二）复杂棘手难题也有简单的本质 /114

（三）透过现象把握复杂棘手难题的本质 /119

（四）用简单的方法来解决复杂棘手难题 /122

第五章　解决问题的钥匙就在你的手里 /126

一、主要的困难并不是答案而是问题 /126

（一）发现问题是解决问题的逻辑起点 /127

（二）善于自主自动自发地去寻找问题 /128

（三）善于对问题进行深入理解和剖析 /129

二、在动手解决问题前先思考其来源 /132

　　（一）准确判断问题来源 /132

　　（二）一眼看透问题本质 /134

　　（三）思考还要善于思辨 /140

三、用你手中钥匙来解决面临的问题 /142

　　（一）结构化思考 /143

　　（二）创新性思考 /145

　　（三）辩证式思考 /146

　　（四）系统性思考 /148

四、用有效的思路来解决面临的问题 /152

　　（一）界定问题 /153

　　（二）分析问题 /155

　　（三）制定对策 /158

　　（四）做出计划 /159

第六章　成为解决问题高手的底层逻辑 /163

一、解决问题比方法更重要的是立场 /164

　　（一）立场是解决问题的立足点 /164

（二）站在人民立场上解决问题 /166

（三）始终为人民群众谋取利益 /170

二、学习是做好工作的一个必不可少的条件 /174

（一）拓宽解决问题视野的重要方法 /175

（二）解决本领恐慌问题的一剂良药 /180

（三）让读书学习成为生活的一部分 /183

三、实际行动是解决所有问题的关键 /192

（一）一定不要让问题永远是问题 /193

（二）再坚持努力一下就会有成功 /194

（三）做有愚公移山精神的工作者 /196

四、守住内心始终保持一份气定神闲 /199

（一）先去处理心情，再来处理事情 /199

（二）与其抱怨坎坷，不如拼力一搏 /202

（三）只要坚持得住，曙光就在眼前 /205

第七章 应对解决问题的思维陷阱 /212

一、非黑即白思维及其应对策略 /212

（一）使用非黑即白思维处理问题有时会致命 /213

（二）应对非黑即白思维应首推多元思维 /215

（三）世界并非只有两极还有广阔的中间地带 /217

二、以偏概全思维及其应对策略 /217

（一）应对以偏概全思维首推逻辑思维 /218

（二）辩证思维是应对以偏概全思维的又一剂良药 /219

（三）培养辩证思维必须要掌握辩证法 /221

三、盲目跟从思维及其应对之策 /224

（一）盲目跟从思维形成的三个主要原因 /224

（二）应对盲目跟从思维首推批判性思维 /226

（三）要用独立思考来矫正盲目跟从思维 /227

第八章　面对"两难问题"的破解策略 /232

一、破解"两难问题"的首要一环 /232

（一）解决"两难问题"的核心手段 /233

（二）要用科学思想来指导调查研究 /234

（三）调查研究必须要坚持实事求是 /235

二、善于理性全面深入的思考 /238

（一）价值审查 /238

（二）结果评估 /238

（三）原则标准 /240

三、避免"布里丹毛驴效应"/246

（一）善于权衡利弊得失 /246

（二）避免尽善尽美陷阱 /248

（三）可选择第三条道路 /250

第九章　工作者解决问题必备的能力要求 /254

一、预防问题出现的能力 /255

（一）保持清醒头脑，强化底线思维 /255

（二）能"图之于未萌，虑之于未有"/259

（三）培养前瞻眼光，善于科学预测 /262

二、防范政治风险的能力 /265

（一）增强政治敏锐性 /266

（二）增强政治鉴别力 /268

（三）增强政治洞察力 /269

三、准确把握政策的能力 /273

（一）政策和策略是党的生命 /273

（二）准确把握政策的基本点 /276

（三）具体问题还要具体分析 /278

四、卓有成效的沟通能力 /281

（一）解决问题需要沟通 /281

（二）有效沟通基本原则 /284

（三）四两拨千斤的沟通 /286

|第一章|
工作的实质就是解决问题

　　"工作"二字，人们耳熟能详，但对这耳熟能详的二字，却并非每个人都能准确地认清它的实质。网络搜索，关于工作的实质之答案那是五花八门："工作是我们为了生存而付出努力的方式"；"工作是我们实现自我价值的舞台"；"工作是一种奋斗的过程"；等等。这些答案从某种意义上来讲，都不错，但毛泽东有一段话是对工作实质的最好诠释。毛泽东说："什么叫工作，工作就是斗争。那些地方有困难、有问题，需要我们去解决。我们是为着解决困难去工作、去斗争的。"[①] 工作的实质，就是解决那些妨碍我们实现目标的问题，工作的过程，就是解决实际问题

---

① 《毛泽东选集》第4卷，人民出版社1991年版，第1161页。

的过程。所谓实际问题，是指在现实生活、工作、学习等各种情境中所面临的需要解决的一些事情。解决实际问题不仅是工作的一部分，也是推动工作者职业发展和社会进步的关键因素。

一、解决实际问题是工作的核心内容

任何工作都是由大大小小的问题所组成，世界上的任何一份工作，都是为了解决问题而生。工作的核心内容，就是解决实际问题。这实际问题，既有"实"的问题，也有"虚"的问题。不管是"实"的问题，还是"虚"的问题，都需要工作者去解决。即便你做工作是为了赚钱养家糊口，但你也不能白拿这养家糊口的钱，你需要用解决实际问题来换取，所谓"拿人钱财替人消灾"。

（一）工作者的基本职责

作为工作者，不管你是高层领导、中层干部，还是基层负责人；不管你是在机关工作的职员，还是在基层第一线做事的员工，其基本的职责，就是要解决本职工作中的实际问题，并创造价值。如果你不能去解决本职工作中的实际问题，遇到问题退避三舍，推诿塞责，"踢足球""打太极"，不作为，慢作为，懒政，消极怠工，在其位而不谋其政，在其岗而不尽其责，在岗位上"混日子""躺平"，那么，你也就没有什么存在的价值了。

由中央纪委国家监委宣传部与中央广播电视总台联合摄制的四集电视专题片《反腐为了人民》，2025 年 1 月 6 日晚播出的第二集《风腐同查同治》，中央统战部原副部长、国家宗教事务局原局长崔茂虎出境。

崔茂虎曾任云南省丽江市委书记，省政府党组成员、副省长，省委常委、秘书长等职。

2017 年，崔茂虎担任云南省丽江市委书记。崔茂虎说："在主要领导岗位，外部各种诱惑明显增多。他们惯用的手法，总会捕捉到你的弱点，然后投其所好。"

聂天宇、卢孔练是和崔茂虎走得最近的两个老板，他们都知道崔茂虎最喜欢打牌。

崔茂虎的牌瘾相当大，经常找人打牌而且从不避讳。丽江有家客栈，一度成了他打牌的固定据点。一些想接近他的商人老板知情后，特意跑去制造"偶遇"，进而在牌桌上增进感情。

商人聂天宇说，"我知道他经常在那里，就经常陪他打牌，如果能攀上这棵树，对我谋人也好，谋事也好，肯定是得天独厚的机遇。"

根本在于解决实际问题

市委书记经常在客栈打牌的消息，一传十，十传百，在丽江成了公开的秘密。经常陪他打牌的老板卢孔练曾听一位出租车司机说，崔茂虎"正事不干，天天打牌"。"我问他怎么知道的，他说丽江谁不知道，大家都知道。"

卢孔练到了客栈，把路上听到的反映说给崔茂虎听。崔茂虎听了之后，告诉卢孔练，要找个私密性比较好的地方。卢孔练立即见机行事，在丽江租下了一处独门独院的别墅，请来厨师、服务人员，打造成了专门供崔茂虎吃喝玩乐的私人会所。

崔茂虎听到群众的反映，不仅没有反思改正，反而想的是怎么搞隐形变异，转入地下。

崔茂虎打牌积极，而在工作上，却作风漂浮、流于形式。崔茂虎每天除了打牌，就是不停地开会，讲的话却没有实质内容。丽江当地一些干部每次去开会，都把听崔茂虎讲话说成"去听崔老师讲课"，实际上散了会崔茂虎就到别墅里跟商人老板一起吃喝玩乐去了。

2021年，崔茂虎调任云南省副省长，卢孔练和聂天宇也随即从丽江跟到了昆明，继续常伴左右。卢孔练在滇池边专门租了一套别墅，作为崔茂虎在昆明活动的私密据点。

专题片中还对崔茂虎的其他违纪违法问题进行了详细

披露。崔茂虎到丽江后的第一个大动作，就是拍板决策，在从机场到市区的高速公路两侧修建民航路公园。修建民航路公园，需挖田造景打造宽 20 米至 150 米、长 9.8 公里的景观廊道，违法占用耕地 790 余亩，其中永久基本农田 690 余亩。有干部明确提出反对意见，指出该工程触犯了保护耕地的红线，崔茂虎却要求有关部门想办法、搞变通。自然资源部督察部门很快发现这一项目触碰了红线，两次下发督察意见书，要求限期整改，崔茂虎却消极应付。

2022 年 6 月起，崔茂虎任中央统战部副部长、国家宗教事务局局长。2023 年 3 月 18 日，中央纪委国家监委发布了崔茂虎落马的消息，而此时距离其担任新职还不到 1 年。

2024 年 7 月，崔茂虎案一审公开宣判。经查，崔茂虎为他人在工程承揽、款项拨付、干部任用等方面牟取利益，非法收受财物折合人民币 1043 万元，以受贿罪被判处有期徒刑 11 年。

崔茂虎是典型的在其位而不谋其政，在其岗而不尽其责的领导干部，他在岗的价值，就是"为他人在工程承揽、款项拨付、干部任用等方面谋取利益"，这种价值与全心全意为人民服务的宗旨背道而驰，既然如此，他也就没有在岗位上继续留任的价值了。

"躺平"的人混在工作岗位，不思进取，没有追求，得过且过。表面上看，"躺平"的人无欲无求，很佛系，面对什么都不争不抢，实则是消极沉沦，缺乏理想信念，对工作没有热忱。这样的工作者早晚也会像崔茂虎一样，从工作岗位上滚蛋。

心理学上有个著名的"慢马定律"，说的是，两匹马各自拉着一辆货车，随着主人远行。其中一匹马一路上艰难而卖力地拉着车奔跑；另外一匹马则跟在后面慢腾腾地走着。

主人嫌第二匹马走得慢，就把它拉的货物搬了一些放到第一匹马的车上。

慢马看了非常得意，走了一会儿，脚步故意放得更慢了。

后来，主人干脆就把它拉的货物全都搬到了快马的车上。

慢马暗自得意地想："它真傻，这么卖力活该被折磨，看我现在多舒服！"

可主人却觉得："既然一匹马就能拉车，我干嘛还要养两匹呢？"

于是，那匹慢马就被卖给了屠宰场。这个著名的"慢马定律"警示工作者，如果你在工作中偷懒耍滑，那么，你离被抛弃的日子就不远了。

（二）工作者的最大价值

职场中，工作者的最大价值，就是他能解决工作中的实际问题。解决实际问题是工作者的硬性条件。

问题可以分为两种，一种是正在发生的问题；另一种是眼下尚不明显，但若不采取措施，不久就会发生的问题。工作者如果既能解决正在发生的问题，也能对眼下尚不明显的问题予以干涉，阻止其发生，那他在职场上就极具价值，其领导力和影响力不容低估。

荷马史诗是古希腊文学的瑰宝，它由《伊利亚特》和《奥德赛》这两部长篇史诗构成。

在《伊利亚特》中，作者曾有这样一段描述：以足智多谋著称的奥德赛，每当看到属下争吵，就会对他们说："老乡，安静地坐下，听着别人的话，他们比你优秀；而你是不勇敢的，是一个弱者，作战既不配，议事也不行。"

在荷马时代，国家还没有产生，社会的组织单位是父系氏族部落。氏族部落中有军事首领、长老会议和民众会。军事首领是公选出来的部落领袖，称为"巴西列斯"。由于"巴西列斯"不是世袭，而是公选的结果，因此，超

群的勇力、非凡的智力，就构成了合格的军事首领所必须
具有的领导素质因素。

作战不配，是因为没有勇力；议事不行，是由于没有
智慧。既没有勇力，也没有智慧，显然是不能解决实际问
题的，自然也就不具备当军事首领的价值，所以，就应该
"安静地坐下，听着别人的话"。

工作者在职场中要想具有价值，赢得他人的信赖和拥
戴，就得具有解决实际问题的本领。党的优秀干部谷文
昌，就是一个善于解决实际问题的工作者，他也因此赢得
了人民群众的信赖和拥戴。

谷文昌（1915—1981年）是河南省林州市石板岩镇（原
林县石板岩乡）郭家庄南湾村人。1949年1月，他随军
南下；1950年5月12日福建省东山岛解放，从此，他在
东山岛上辛勤耕耘了十四个春秋，历任中共东山县县长、
县委书记等职。

谷文昌在刚刚担任东山县县长之初，东山岛的情况，
据解放初《东山县志》记载，森林覆盖率仅0.12%，一年
365天，岛上有150多天刮着6级以上大风，百年间，风
沙不断吞没家园，天花、眼病泛滥，外出当苦力、当乞丐
的十之有一，当地有7个"蔡姓"村，被风沙埋得只剩4个。
"春夏苦旱灾，秋冬风沙害。一年四季里，季季都有灾"，

是当时东山岛的真实写照。

谷文昌担任县长之后的一天，他在下乡路上，碰到一群村民。他们身上破衣烂衫、手里提着空篮子，一打听，要去乞讨。乞讨?! 东山解放都 3 年了，居然还能发生这样的事情。"我这个县长，对不住群众呀!"

"不把人民拯救出苦难，共产党来干什么!""挖掉东山穷根，必先治服风沙"。谷文昌对天发誓，"不治服风沙，就让风沙把我埋掉。"

几年过去，421 座山头、3 万多亩沙滩，都种上了树，30 多公里长的海岸线筑起了一道"绿色长城"，昔日"沙老虎"终于俯伏在"绿色长城"的脚下。

种树治沙不是短期内就能见到效果的，但这是为后人作铺垫、打基础、利长远的好事，所以谷文昌坚定不移地干。

"只要对百姓有利的事，哪怕排除万难也要做到;凡是对党的威信有害的事，哪怕再小也不能做。""不带私心搞革命，一心一意为人民"，这是谷文昌恪守的原则，而且他践行了一生。

凡是知道谷文昌的人，莫不对他肃然起敬。1963 年，时任福建省委书记叶飞在考察东山岛后，对岛上的变化感到非常吃惊，当即提出让谷文昌在即将召开的全省农村工作会议上介绍经验，并向省委建议重用谷文昌。

1981 年，时任福建省委书记项南在考察了东山岛后，非常激动地说："搞四化建设就需要这样的好干部。"当他听说谷文昌病危时，连夜冒雨赶往漳州看望。谷文昌去世后，他建议《福建日报》在头版发表消息，并亲自将标题改为《为东山人民造福的谷文昌同志去世》。

习近平总书记也多次点赞过谷文昌。他在担任浙江省委书记期间，曾经在《"潜绩"与"显绩"》一文中写道："福建东山县的县委书记谷文昌之所以一直受到广大干部群众的敬仰，是因为他在任时不追求轰轰烈烈的'显绩'，而是默默无闻地奉献，带领当地干部群众通过十几年的努力，在沿海建成了一道惠及子孙后代的防护林，在老百姓心中树起了一座不朽的丰碑。这种'潜绩'，是最大的'显绩'。 我们常讲的金杯银杯不如老百姓的口碑，金奖银奖不如老百姓的夸奖，说的就是这个道理。"①

在福建省东山县，当今，每逢清明、春节敬祖，当地百姓总是"先祭谷公，后祭祖宗"。"谷公"就是谷文昌。

政声人去后，丰碑在人间。谷文昌在老百姓的心中树起了一座不朽的丰碑。1986 年，东山县委为了弘扬谷文

---

① 习近平：《"潜绩"与"显绩"》，《浙江日报》2005 年 1 月 17 日。

昌精神，决定把谷文昌的骨灰安葬在他当年亲手建起的赤山林场。村民们得知消息，纷纷赶来，为他的坟墓添加一抔热土。山口村第一任党支部书记陈加福说："谷书记，你为我们辛苦了一辈子，现在我要天天打扫陵园，为你守墓一辈子！"

谷文昌的丰碑是由正确的政绩和民心铸成的。像他这样做出了上有利于国家、下有利于人民政绩的干部，必然会赢得人民群众的爱戴，其丰碑永存。

（三）工作者的核心能力

工作者要做好工作，需要各种各样的能力，但解决实际问题是一种核心的能力。没有这种能力，即便是在职场上消极被动的"打工"都打不好，即便是表面上的"完成任务"都完成不了。

所谓解决实际问题的能力，是指工作者在面对客观实际问题时，能够运用所掌握的知识、技能和经验，通过分析、判断等思维活动，找到解决方案并最终把问题有效解决的本领。

解决实际问题的能力是有层级的。不同的层级对问题的理解、分析有着不同的程度，而且决定着问题的解决程度。

最差层级，不能主动发现问题，遇到问题时不知所措，无法提出有效的解决问题的方案。

较差层级，能够发现一般的显性问题，并能对显性问题进行初步判断，可以使用现有的标准、方法和经验对显性问题进行简单处理，但对显性问题缺乏深入分析。

良好层级，不仅能够发现一般的显性问题，还可以发现隐性问题，并能通过综合分析研判，从大量数据和事件中去粗取精、由表及里，揭示其本质，解决此问题。显性问题通常指的是那些浮在表面、容易被发现的问题；隐性问题，则是隐藏在事物内部，被表象所包裹，不易被发现的问题。

最优层级，不仅能够发现一般的显性问题，还可以发现隐性问题，更能准确预测事情发展过程中即将出现的各种问题，并能采取有效的措施，把这些问题消灭在萌芽状态，与此同时，还能归纳总结出这些问题发生的规律。毛泽东解决实际问题的能力，即是最优层级。

1949 年，在中国革命即将取得全国胜利的前夕，许多人产生了船到码头车到站的懈怠情绪。而毛泽东在中共七届二中全会上所作的报告中，却清醒地认识到："因为胜利，党内的骄傲情绪，以功臣自居的情绪，停顿起来不求进步的情绪，贪图享乐不愿再过艰苦生活的情绪，可能生长。因为胜利，人民感谢我们，资产阶级也会出来捧场。敌人的武力是不能征服我们的，这点已经得到证明了。资产阶级的捧场则可能征服我们队伍中的意志薄弱者。可能有这样一些共产党人，他们是不曾被拿枪的敌人征服过的，他们在这些敌人面前不愧英雄的称号；但是经不起人们用糖衣裹着的炮弹的攻击，他们在糖弹面前要打败仗。我们必须预防这种情况。"①

他准确预测到革命胜利过程中即将出现的各种问题，并给出了解决问题的对策："务必使同志们继续地保持谦虚、谨慎、不骄、不躁的作风，务必使同志们继续地保持艰苦奋斗的作风。"②

为了防止"糖衣炮弹"的腐蚀，力戒骄傲，保持谦虚、谨慎、不骄、不躁的作风，七届二中全会还根据毛泽东的提议，通过了六条具体规定：不做寿；不送礼；少敬酒；少拍掌；不以人名作地名；不要把中国同志和马、恩、列、斯平列。

当他人有"船到码头车到站"的懈怠情绪时，当别人有"老婆孩子热炕头"的不求进步思想时，毛泽东敏锐地看到这种情绪、思想带来的危害，及时地向全党敲响了警

---

① 《毛泽东选集》第4卷，人民出版社1991年版，第1438页。
② 《毛泽东选集》第4卷，人民出版社1991年版，第1438—1439页。

钟。这是何等超越常人的政治眼光，这是何等超强的解决
实际问题的能力。

▎延伸阅读

小和尚故事的启示

"做一天和尚撞一天钟"是一句俗语。它的
意思是，过一天算一天，凑合着混日子。比喻遇
事敷衍，得过且过。

作为工作者，千万不能"做一天和尚撞一
天钟"，要热爱自己的工作岗位并有崇高的敬业
精神。

"做一天和尚撞一天钟"迟早会被"炒鱿鱼"。
下面这位小和尚就差一点没有钟可以撞。故事是
这样的：

有一位小和尚在寺院担任撞钟之职。按照
寺院的规定，他每天必须在早上和黄昏各撞一
次钟。

开始时，小和尚撞钟还比较负责，认真撞
钟。但半年之后，小和尚觉得撞钟的工作太单

调，很无聊。于是，他就"做一天和尚撞一天钟"了。

一天，寺院的住持忽然宣布要将他调到后院劈柴挑水，不用他再撞钟了。

小和尚觉得奇怪，就问住持："难道我撞的钟不准时、不响亮?"

住持告诉他："你的钟撞得很响，但钟声空泛、疲软，因为你心中没有理解撞钟的意义。钟声不仅仅是寺里作息的准绳，更为重要的是唤醒沉迷众生。因此，钟声不仅要宏亮，还要圆润、浑厚、深沉、悠远。一个人心中无钟，便是无佛;如果不虔诚，怎能担当撞钟之职?"

小和尚听后，面有愧色。此后，他潜心修炼，终于修成一代名僧。

小和尚为什么要被住持免除撞钟之职，因为他对工作不能尽职尽责，所以，他撞出的钟声空泛、疲软。

一个"做一天和尚撞一天钟"的人，是早晚会被"免除撞钟之职"的。

二、工作者发展进步的核心竞争力

工作者要想在职场发展，于仕途进步，竞争天然存在，难以避免，有时竞争还相当激烈。工作者如何在激烈的竞争中脱颖而出？核心竞争力必不可少。所谓核心竞争力，是指能够为竞争主体带来比较竞争优势的资源。而解决实际问题的能力，就是一种核心竞争力。当面对棘手难题，别人束手无措，你举重若轻地就把它解决了；当面对未来可能发生的问题，别人毫无觉察，你明察秋毫地就发现了，你自然会在激烈的竞争中脱颖而出。

（一）能解决实际问题才是真正有本事

生活中时常听到、网络上经常看到有的人抱怨自己"怀才不遇"，认为自己才华横溢却得不到领导赏识、组织重视。是真的"怀才不遇"吗？其实未必。真正的"才"不是你学富五车，才高八斗，满腹经纶，而是你解决实际问题的能力，能解决实际问题才是真本事。否则，顶多就是一个赵括。

赵括是战国时期赵国人，名将赵奢之子。他自幼熟读兵法，谈论兵家大事，他父亲都难不倒他，但他父亲并不认为他有真本事。他父亲说："打仗，是生死攸关的地方，而赵括太轻率地讨论它了。如果赵王不让他当将军就罢了，如果一定要让他当将军，打败赵军的人一定是赵括自己。"

后来的事实果然如此。赵括率领军队同白起领导的秦军作战时，赵括的军队大败，数十万赵军投降了秦国，秦国将他们全部活埋了，赵国从此一蹶不振直至灭亡。真是知子莫如父。

赵括自认为有才，但他的才就是纸上谈兵之"才"，并不能解决战争中的实际问题。作为一名将军，不能解决战争中的实际问题，那就不是真本事。

《南史·陆澄传》还记载过这样一个故事："澄当世称为硕学，读《易》三年不解文义，欲撰《宋书》竟不成。王俭戏之曰：'陆公，书厨也。'"

说是陆澄这个人在当时被人称为大学者，但他读《易经》三年，却不能理解其文意，后来，他又想撰写《宋书》，最终也没有写出来。王俭嘲笑他说："陆澄先生，就是个两脚书橱。"

王俭用"两脚书橱"来评价陆澄实不为过，他的所谓"大学者"也是浪得虚名。读了三年《易经》，不解其义，等于白读；想写《宋书》，也写不出来，什么问题都解决不了，不是"两脚书橱"又是什么？

（二）解决实际问题是成长进步的阶梯

如果进步有阶梯的话，非解决实际问题莫属。虽然不排除有的人通过某种途径在进步的途中拔得了头筹，占了头排的位置，但根本的路径，还是要能解决实际问题。因为即便有的人通过某种途径拔得了头筹，占了头排的位置，暂时取胜，但如果他在工作中不能解决实际问题，或早或晚会被踢出去。一只母鸡一年到头不产蛋，它很快就会成为餐桌上的鸡汤；一台家电设备不工作，它很快就会被扔进废品堆。

工作者要想发展、要想进步，必须提高解决实际问题的能力。别人解决不了的问题，你能解决；别人不想去解决的问题，你自主自发地去解决了，这样的你，谁都喜欢，何愁不能发展、不能进步？

（三）解决问题的本领决定着你的价值

一个人的价值大小，不在于他从事何种职业，也不在于他身处何种地位，而在于他解决实际问题的本领如何。滥竽充数，是充不了多久的，迟早会现原形；浑水摸鱼，是摸不到什么鱼的，即使是浅滩，没有本领也捡不到鱼。工作者要想在职场上增强自身的价值，必须增强解决实际问题的本领，换一句话来说，解决实际问题的本领，决定着你的价值大小。

有一则寓言故事：鸟儿王国选国王，孔雀和老鹰成为了主要的候选者。孔雀舒展开漂亮的尾巴，说自己美丽的羽毛可以给大家带来美丽；老鹰说，国王的首要职责是保护众鸟的安全，解决好其他兽类侵犯的问题，漂亮的尾巴是解决不了这个问题的。鸟儿一听，纷纷把票投给了老鹰。

这则寓言故事向人们传递出具有解决实际问题能力的重要性。孔雀虽然有漂亮的外表，但在遇到其他兽类侵犯的问题时，漂亮的外表毫无用处；而老鹰虽然没有漂亮的外表，但它有抵御其他兽类的本领，而这也是其它鸟类所不具备的素质和能力，它被选为鸟王国的国王势在必得。

▍延伸阅读

让自己变成一颗珍珠

有位年轻人毕业后一直找不到理想的工作。他为此而对社会失望，为自己怀才不遇而苦恼。随着失望苦恼的加剧，他变得绝望。于是就来到大海边，准备命归大海。

在年轻人要自杀时，一位老人救了他。老人了解到年轻人自杀的原因后，从沙滩上捡起一粒沙子，让他看了看，然后就随手扔到了地上，并对他说："请你将我刚才扔在地上的沙子捡起来。"

年轻人试图找到那粒沙子，但是没办法找到。

就见老人从衣兜里掏出一粒晶莹剔透的珍珠，把它扔在地上，然后对年轻人说："这颗珍珠你能捡起来吧！""当然能。"年轻人毫不犹豫地答道。

这时，老人说："你应该明白，你现在还不是一颗珍珠，所以你不能要求社会立即承认你。如果你想要社会承认你，你必须先由沙子变成一颗珍珠。"

年轻人听了老人的话，打消了自杀的念头。

三、让善于解决问题成为独特优势

在职场，每一个成功的人，都是有其独特优势的，即不可被替代的能力。尽管独特优势有其不同的方面，但有一个方面则是共识，那就是善于解决实际问题。不管是大问题还是小问题，不管是棘手问题还是复杂问题，在善于解决问题者的手上都不是问题，他总是能找到解决问题的方法。这种特质会让他成为组织、领导、群众最信得过的人。

（一）唯有真本事才能够立得住

有决心解决问题的人，总能找到一个解决问题的方法；没有决心解决问题的人，总能找到一个不解决问题的借口。

工作者要想在职场上获得成功，别总是去想着走什么捷径，你想走的每一条捷径，都可能会走成弯路；别总想着寻找什么靠山，靠山山会倒，靠水水会流，假如你再不小心靠上一个腐败官员，他一落马，你就基本上是完蛋了，还成什么功？唯有靠自己的真本事才能立得住；更别想着搞什么歪门邪道来获得成功，搞歪门邪道即便暂时获得了成功，但早早晚晚会把自己搞进去，那时候，别说成功，估计连自由都没有。比如司法部原党组成员、政治部主任卢恩光，他除了性别是真的，其他的，如年龄、入党材料、工作经历、学历、家庭情况等都是造假，并用金钱开道，一路拉关系买官和谋取荣誉，从一名私营企业主一步步变身为副部级领导干部。假的就是假的，伪装迟早会被剥去。2016 年 12 月 16 日，卢恩光接受组织调查；2017 年 5 月，经中共中央批准，中共中央纪委对卢恩光严重违纪问题进行立案审查；2018 年 10 月 30 日上午，卢恩光行贿、单位行贿案一审宣判，卢恩光获刑 12 年并处罚金人民币 300 万元。

（二）唯有真本事才让人信得过

有真本事的工作者能啃硬骨头，敢接烫手山芋。硬骨头，是比喻难以解决的问题；烫手山芋，是比喻棘手的难题。常识告诉人们，硬骨头难啃，烫手山芋难接，这就使得绝大多数人不敢啃硬骨头，不敢接烫手山芋。但如果你有啃硬骨头的真本领，有接烫手山芋的真本事，并把硬骨头啃下了，把烫手山芋接住了，处理得妥妥当当，那你绝对是不同凡响，而且出类拔萃。这会让领导放心、组织信任、群众满意。

虞诩，是东汉时期的名臣。当时，朝歌县发生叛乱，虞诩空降为朝歌县长。他的老友们听说后，都认为，他不应该去那个是非之地，那是一件倒霉的差事。但虞诩笑着说："志不求易，事不避难，这是我的本份。不遇盘曲的根，错乱的节，哪能识别利器呢？"虞诩上任后不久，就平定了叛乱。后来，虞诩官至尚书令。

虞诩之所以能成为东汉名臣，就是因为他事不避难，敢啃硬骨头，敢接烫手山芋。

在盘曲的根、错乱的节面前，才能识别利器。"成功者所从事的工作，是绝大多数人不愿意去做的。要先有超人之想，后有惊人之举，能不落俗套，可不同凡响。"这就是"韦特莱法则"。

党的优秀干部吴天祥也是一位敢啃硬骨头，敢接烫手山芋的工作者。吴天祥（1944— ）是湖北钟祥郢中人，1990 年 11 月，46 岁的吴天祥被任命为武汉市武昌区信访办副主任。

信访办是一个各种矛盾反映比较集中的地方。吴天祥所在的群众来访接待室，成了群众发泄怨气的部门。

有的上访者一到接待室就怒气冲冲，高声喊叫，话说不到两句，就拍桌子，摔茶杯；甚至有人还揪着吴天祥的衣领，让他马上解决问题。

面对这些心存怨气的群众，吴天祥总是以理解与温和的态度，听着、问着、记着，或当场协调督办，或耐心劝慰解释。他的热心、耐心、责任心，让一批又一批的上访群众受到了感动。

1993 年春，武昌区解放路 252 号的一家企业宿舍区的一居民院，通向公厕化粪池和下水道的管道堵塞了。粪水漫出地面溢满了院子，居民们只好搭跳板出入。居民多次向企业反映，但管道堵塞了一个多月，问题也没有解决。

居民们听说吴天祥总是为群众排忧解难，便试着找到区信访办。按说企业自管房不属于区政府负责范围，吴天祥完全可以推托，但他没有这样做。吴天祥迅速赶到现场走访察看，随即又请来消防队帮忙疏通。

他率先趟过粪水，掀开窨井。一看，下水道口被泥堵死了，高压水枪根本插不进去。怎么办？面对蛆虫蠕动，恶臭熏天的窨井，吴天祥没有犹豫，他纵身跳进齐胸深的窨井中。他先是用脚踹，不行；他接过高压水枪往里喷，但距离远，使不上劲；他索性屏住呼吸，猫下腰，摸索着将高压水枪往管道口里捅。

消防高压水枪启动了，瞬间喷出的粪水"哗"地溅满了吴天祥一身一脸，几股迎面而来的粪水使他连呛了几口，恶心得他呕吐不止……

管道终于通了。居民们感动得泪水盈眶。

吴天祥这种敢啃硬骨头、敢接烫手山芋的负责精神，赢得了组织和群众的信任。他曾被评为全国学雷锋先进个人。2009 年 9 月 14 日，吴天祥被评为 100 位新中国成立以来感动中国人物之一。2019 年 9 月 25 日，吴天祥被授予"最美奋斗者"荣誉称号。

（三）遇到问题一定不要当鸵鸟

遇到问题，尤其是难以解决的问题，有人喜欢当鸵鸟，麻痹自己，逃避困难。鸵鸟遇到危险时，就会把头埋入沙堆里，以为自己眼睛看不见就是安全。心理学家把这种消极的心态称为"鸵鸟心态"。

要知道，当鸵鸟的人是不明智的。逃避解决不了问题，而且问题还会越积攒越多。当问题累积到了不得不面对的时候，他所承受的压力比直面问题时还要大。真正的智者，绝不会把逃避当成处理、解决问题的办法。

而且，一个人如果养成了当鸵鸟的习惯，他遇到问题就很容易第一时间选择逃避，而不去思考如何解决面临的问题。

"拙匠总言工具差"。事实上，逃避并不能从根本上解决问题，他只是将问题后置或旁置了，从今天推到明天，从明天推到后天，或者推给他人。

一个人要让善于解决问题成为自身独特优势，绝不把逃避当成解决问题的办法，而是直面问题，即使这个问题很棘手，困难重重，他也会竭尽全力想方设法去解决。这样的强者，想不成功都难！黄大发就是这样的强者。

黄大发（1935—　），贵州省遵义市播州区平正仡佬族乡人。他先后担任播州区平正仡佬族乡草王坝大队大队长、村长、村支部书记。

草王坝曾经缺水非常严重，村里人需要到往返两个多小时的水源地挑水吃。1958年，黄大发当选为草王坝大队大队长。他承诺，一定要让草王坝通上水，让村里的群众吃上米饭。

为了兑现这一承诺，36年来，黄大发带领群众在悬岩峭壁上开凿了一条引水渠道。这座引水渠道跨3座大山、大小9个悬崖，主渠长7200米、支渠长2200米，解决了当地的缺水问题。缺水问题解决之后，他又带领群众修村路、架电线、建学校，改变了当地贫穷落后的面貌。

2017年9月，黄大发获得"2017年全国脱贫攻坚奖奋进奖"；2018年3月1日，黄大发荣膺"感动中国2017年度人物"。"感动中国2017年度人物"组委会给他的颁奖词是："水过不去，拿命来铺，这是一个老党员为人民许下的誓言，大发渠，云中穿，大伙吃上了白米饭。三十六年，为梦想跋涉，僵直了手指，沧桑了面孔，但初心不变。"2021年6月29日，中共中央授予黄大发"七一勋章"。

"水过不去，拿命来铺"，这还真的不是文学语言，而是黄大发克服艰难险阻修筑水渠的真实事迹的概括。

没有修渠技术，靠着竖起几根竹竿用眼睛瞄来测量；

没有水泥，沟壁直接糊上黄泥巴当水泥；没有起重设备，就在腰间拴根草绳下到岩壁上用锤子凿。但由于资金、技术等方面的原因，修渠工程只打通了 116 米长的隧道，水渠只能废弃。水渠废弃了，但黄大发并没有放弃，他心中只有一个执念：我是村支书，解决村里人畜饮水问题，改变贫困面貌，是我的责任。1989 年，54 岁的黄大发向组织申请到枫香水利站跟班学习水利知识和开凿技术。

1992 年底，修渠工程重新启动。启动容易，干起来难。但不管怎样难，黄大发都身先士卒。当工程修建到最为险要的擦耳岩时，面对三四百米高的悬崖峭壁，很多人都望而却步，这时，年近六十的黄大发却把麻绳系在自己身上吊下悬崖测量。他对在场的人说："要摔就摔死我一个，不要让大家都去受这方面的危险。"

每天，200 多人的修渠队伍跟着黄大发扎进深山修渠。黄大发鞋磨破了没钱买，他就赤脚步行二十多公里去背炸药。

黄大发率领乡亲们，硬是靠着风钻和钢钎、铁锤这些简单的工具，凿出了引水渠，解决了当地的缺水问题。缺水问题解决之后，他又带领群众修村路、架电线、建学校，改变了当地贫穷落后的面貌。

▌延伸阅读

最后两只蚊子

罗斯，是英国著名的医学家。他为了证实蚊子是传播疟疾病菌的媒介，和蚊子打了多年的交道。

1893年的一天，罗斯在显微镜下已经观察了8个多小时的蚊子。长时间的观察累得他眼睛发酸，视力模糊。可是，还剩两只蚊子没有观察。是放弃呢，还是继续坚持观察下去？罗斯咬咬牙，决定继续观察。突然，他发现这两只蚊子身上有一种前所未见的细而圆的细胞，细胞中含有黑色物质组成的小颗粒，这小颗粒和疟疾寄生虫的色素完全一样。就这样，他终于找到了传播疟疾的根源。

最后的成功，往往就在再坚持一下的努力之中。

| 第二章 |
确立解决问题的新理念

理念是行动的先导，不同的解决问题理念，有着不同的解决问题的方法；不同的解决问题的方法，必然带来不同的问题解决效果。明末清初思想家王夫之有言："理者，物之固然，事之所以然也。"在王夫之看来，"理"是事物运动的一种固有法则，它支配着事物的运动、变化和发展。

任何事物都存在着必然的规律。分析问题要抓住事物的本质属性，解决问题要从事物的内在规律入手。由此而言，工作者要解决实际问题，需要确立解决问题的新理念。解决问题的理念，是指在面对问题时所采取的思维方式和思想方法。

工作者要解决任何实际问题，包括实现任何梦想，都必须首先在理念层面上做出改变。当你改变理念时，你就会改变一切。

一、树立"凡是问题都能解决"的必胜信心

工作者在面对工作中的问题，尤其是棘手难题时，保持一种"凡是问题都能解决"的必胜信心和坚定信念是非常重要的。这种信心信念不仅能够帮助工作者更好地应对各种问题，还能激发、调动工作者的潜能。信心信念决定着工作者去往何处以及如何抵达那里。

如果一个问题始终没有办法解决，那真正的问题就不是这个问题，而是生命或自然法则中的客观情况，例如死亡或地球引力。

（一）遇到问题，相信自己一定能够解决

遇到问题，相信自己一定能够解决，是一种积极的解决问题心态。这种心态能够帮助工作者更好地应对工作中的挑战，并最终找到解决问题的方法。

常言道："自信是成功的一半。"自信能激发工作者去积极寻找解决问题的方法的潜能，而不会为遭遇的问题所裹挟所羁绊。遇到问题，相信自己一定能够解决的心态，

可以增强工作者的心理韧性。

心理韧性是一种复原力，它能让工作者在挫折、失败、磨难等各种工作压力的挑战下，回复到正常状态。具有强大复原力的工作者，面临困境、挫折，从不抱怨，而是能迅速平复内心的焦躁不安，从容面对现实问题和困境，找到解决问题的方法，寻求到突破困境的路径。

心理韧性也是一种坚韧不拔的毅力，它会使工作者像"小沙粒"一样，无论怎么被碾压，都不会变形。他可以被打倒，但不能被打败。打倒了，爬起来又是一条继续奋斗的好汉。

谈迁，是我国明代著名的史学家。他 27 岁时开始撰写《国榷》，经历了 27 年的时间，六易其稿，终于写成了 500 万字的《国榷》。此时，他已经 50 多岁了。不幸的是，一天夜里，这部重要的史学著作被小偷偷走了。谈迁虽然很伤心，但他没有一蹶不振。他挽起袖子，又重新撰写。寒来暑往，又过了 10 个春秋，谈迁又将这部巨著写成了。

与其说是谈迁撰写的《国榷》，不如说是坚强的心理韧性造就了《国榷》。要完成一项伟大的事业，没有坚强的意志是不可能的。请看下面这组数据：

歌德用 60 年的时间写成《浮士德》；马克思用 40 年的时间写成《资本论》；哥白尼用 36 年的时间写成《天体

运行论》；托尔斯泰用 37 年的时间写成《战争与和平》；达尔文用 20 年的时间写成《物种起源》；李时珍用 27 年的时间写成《本草纲目》；司马迁用 15 年的时间写成《史记》。

这些数字说明，要想成就一项事业，必须有坚定的信心和信念，有持之以恒的意志。持续不断的努力是成功的铁律。

下面是以往那些顶尖人物的断言：

美国专利局局长查尔斯·杜尔在 1899 年说：所有能被发明的东西，都已经被发明出来了。

西方工会 1876 年的内部备忘录记载：电话缺点太多，这种设施本来就没有一点价值。

1946 年，20 世纪福克斯公司负责人德里尔·扎纳克称：电视无法占有任何市场半年以上，人们很快就会厌倦每晚盯着这种夹板做的盒子。

1967 年 2 月 25 日，三极管发明者李·佛瑞斯特博士宣称：不管未来的科学如何进步，人类永远也上不了月球。

1911 年，法国陆军元帅、军事战略家、第一次世界大战指挥官费迪南德·福煦说：飞机是有趣的玩具，但没有军事价值。

1977 年，迪吉多电脑公司创办人及前任总裁肯尼斯·奥尔森说：任何人都没有理由买台电脑摆在家里。

工作者没有理由自卑，而有理由自信。大家看，以往那些顶尖人物的断言，如今不是都毫无例外变得多么荒谬！

（二）由内而外，培养自信心增强自信力

自信心，是对自己的积极肯定和相信自己能力的一种心理状态，它是一种主观的心理品质；自信力是自信心的外在表现，是在行为、行动以及应对外界挑战过程中的一种力量输出。当一个人具有自信心时，他就会在行动中展现出自信力。工作者要增强自信力，培养自信心是关键。

自信心并非是天生的，它需要培养，而且培养自信心也不是一蹴而就的，它是不断修炼而成，需要有耐心、耐力。

相信自身的价值。如果你自己都不相信你自身的价值，别人怎么会相信你的价值呢！自信的工作者面对问题时，才能有解决问题的必胜信心。

"独坐池塘如虎踞，绿杨树下养精神。春来我不先开口，哪个虫儿敢作声。"这是毛泽东小学时的《咏蛙》诗。"自信人生二百年，会当水击三千里。"这是 1917 年毛泽东跟同伴们畅游湘江时写的两句诗。

毛泽东青年时就酷爱游泳，且喜欢到大风大浪中去游

泳。1958 年 12 月 21 日，毛泽东在文物出版社出版的大字本《毛主席诗词十九首》书眉上批注道："击水：游泳。那时初学，盛夏水涨，几死者数。一群人终于坚持，直到隆冬，犹在江中。当时有一篇诗，都忘记了，只记得两句：'自信人生二百年，会当水击三千里。'"

这是何等的自信！正是这种自信，让他能够创建了一个新中国，建设了一个先进的中国共产党，缔造了一支人民的军队，创立了一个科学的理论，改变了中国历史的发展方向。

美国前总统尼克松在其《领导人》一书中说过："一个人如果要像领袖那样克敌制胜，就必须相信自己。……只有自己相信自己，才能说服别人相信自己。"

专注自身优势。有一位演讲者在演讲时说："男人，像大拇指。"他高高竖起大拇指。"女人，像小拇指。"他又伸出小拇指。

这一比喻，令全场哗然。尤其遭到了女听众的强烈反对。就见演讲者不慌不忙地补充说："女士们，人们的大拇指粗壮有力，而小拇指却纤细苗条、灵巧可爱。不知诸位女士有谁愿意倒过来？

结果，没有女士愿意倒过来。事实上，演讲者的比喻很有道理。男人就是男人，女人就是女人，各有其特点。

每个人都有优点和不足，工作者要培养自信心，就要把注意力放在自己的优势上，相信自己的能力和价值，积极肯定自己，学习李白"天生我材必有用"的自信豪迈，上天造就了我的才干就必然是有用处的。

善于自主学习。一般而言，具有自主学习能力的人，通常都很自信。因为他们遇到难以解决的问题时，会自主地去向他人学习，向书本学习，向实践学习，通过自主学习，找到解决问题的方法和路径。

一个善于自主学习的人，一般都能做到"三学"，即"愿学""会学""乐学"。"愿学"，对于学习，是"我要学"，而非"要我学"。"会学"，是掌握了有效的学习方法。"乐学"，是以学习知识为快乐。孔子云："知之者不如好之者，好之者不如乐之者"。在孔子看来，懂得知识的人不如爱好知识的人；爱好知识的人不如以学知识为快乐的人。

由此可知，学习有"知、好、乐"三层境界。最高境界就是以学习知识为快乐，即乐学。工作者在自主学习的过程中，获得有效反馈，会进一步增强自信心。

（三）正向思考，做积极的自我心理暗示

工作者要树立"任何问题都能解决"的坚定信心和信

念，还需要启动正向思考，善于进行积极的自我心理暗示，进行自我鼓励，小心墨菲定律。墨菲定律，是你越担心的事情，它就越可能发生。

如果工作者遇到需要解决的问题，还没有着手解决，就开始怀疑自己的能力，觉得自己解决不了，在这种心理暗示下，即便是问题没那么复杂，没那么棘手，最后也会遭遇滑铁卢，走麦城。

相反，自信的工作者遇到需要解决的问题，总是启动正向思考，给予自己"我可以做得到"的肯定暗示：这个问题我一定能找到解决的方法。这种正向的肯定暗示，会为自己种下信心的"种子"，这颗种子久而久之会成长为自信的大树，从而增加不竭的动力。

两个实力相当的人博弈时，笑到最后的人，往往取决于谁更自信。其实，要么让自己沮丧，要么让自己坚强，工作量是相同的。

林曼德是德国著名的精神学分析专家。1900 年 7 月，他独自驾驶着一条小船，驶进了波涛汹涌的大西洋。他在进行一次历史上从未有过的心理学实验。

林曼德认为，一个人只要对自己抱有信心，就能保持精神和肌体的健康。当时，德国举国上下都在关心着他横渡大西洋的冒险壮举，因为在他之前，已经有一百多位勇士相继驾舟横渡失败，命丧海洋。林曼德推断，这些遇难者主要是死于精神崩溃、恐惧与绝望，而不是死于生理上的原因。

航行中，林曼德遇到了常人难以想象的困难，多次濒临死亡。绝望的念头曾在他的脑海中出现过。但每当这种念头闪现的时候，他便大声自责：懦夫，你想重蹈他人覆辙，葬身此地吗？不，我一定能成功！就是凭着这种自信，林曼德胜利地渡过了大西洋。

林曼德的实验证明，人在困难的境遇中，只要自己充满自信，不绝望，就会战胜困难，渡过难关。

自信的反义词是自卑。自信与自卑，是影响人的积极性发挥的两种主要心态。前者相信自己，后者轻视自己。相信自己者，遇事不畏缩，即使是非常困难、艰巨的工作，也能以极大热情，信心百倍地去想方设法完成。这种精神正是踏上全面建设社会主义现代化国家新征程、向第二个百年奋斗目标进军的今天所需要的。轻视自己者，与此相反。他们对自己的能力估计不足，遇工作还没开始行动就先胆怯，更甭说具有大胆探索的创新精神和竞争的勇气了。因此，鲁迅先生曾热情赞颂了那些"不失掉自信力的中国人"，认为他们是"中国的脊梁"。毛泽东也要求鼓励人们的自信心，自己起来创造。

当然，自信不是盲目的自信，它是建立在真实能力基础上的自信。因此，工作者在激励自己自信心的同时，必须注意培养自己的能力才干。否则的话，自信就会变成"自欺"，变为"自我欣赏"。

▋ 延伸阅读

自证预言与皮格马利翁效应

自证预言，是心理学上的一个概念，意指人会不自觉的按照已知的预言来行事，最终令预言发生；也指对他人的期望会影响对方的行为，使得对方按照期望行事。

"自证预言"也可作为运气的成因之一。当你渴望某一件好事情发生时，你会倾向于寻找符合该期望的正面讯息，而那些正面讯息又诱发你寻找更多的正面讯息，使你变得越来越乐观和充满自信，行为上也变得更加积极，这会大大提升成功的机会。相反，如果你越担心坏事情的发生，便会越留意不利的讯息，不利讯息越多，心情会越加焦虑不安，行动消极、被动，最后更容易诱发坏事情的发生。这也是心理学所讲的墨菲定律。墨菲定律最简单的表述，是你越担心的事情，它就越可能发生。

皮格马利翁效应就是自证预言。皮格马利翁效应，亦称"罗森塔尔效应"或"期待效应"，是指热切的期望与赞美能够产生奇迹。它是由美国著名心理学家罗森塔尔和雅格布森在小学教学上予以验证提出。

也就是说，你期望、期待什么，你就会得到什么，你得到的不是你想要的，而是你期望的、期待的。只要充满自信的期望、期待，只要真的相信事情会顺利进行，事情一定会顺利进行，相反的说，如果你相信事情会不断地受阻，这些阻力就会产生。

成功的人都会培养出充满自信的态度，相信好的事情一定会发生。

二、解决问题的最好方法是预防问题出现

人们通常认为，能解决工作中出现的各种问题，甚至是复杂棘手难题的工作者是优秀卓越的。这种看法固然不

错，但却不够辩证，事实上，能防患于未然的工作者，更优于治乱于已成之后的工作者。美国投资家查理·芒格认为，"我们能成功，不是因为善于解决难题，而是懂得远离难题。这是平常人没有的常识之一。"成功不在于解决难题，更在于避免问题的出现。

（一）"曲突徙薪"的启示

《汉书·霍光传》有个"曲突徙薪"的故事。说的是，当初，西汉权臣霍光族人骄横奢侈，茂陵人徐生曾经指出："霍氏必然会灭亡。凡奢侈无度，必然傲慢不逊；傲慢不逊，必然冒犯主上；冒犯主上就是大逆不道。身居高位的人，必然会受到众人的厌恶。霍氏一家长期把持朝政，遭到很多人的厌恶，天下人厌恶，又做出大逆不道的事，怎么可能不灭亡呢！"于是，他上书朝廷说："霍氏一家权势太大，陛下既然厚爱他们，就应随时加以约束限制，不要让他们发展到灭亡的地步！"上书三次，汉宣帝听到了，但没有采纳徐生的建议。

霍光死后，霍氏家族被诛灭，而告发霍氏家族的人都被封官。有人为徐生上书说："我听说有个探望主人的客人，看见他家灶上的烟囱是直的，旁边还堆了些柴火。客人对主人说：'改为弯曲的烟囱，把柴火移走，否则将有火患。'主人没理他。不久主人家果真失火，邻居们一起救火，有幸使火熄灭。于是，主人杀牛备酒，感谢他的邻居。身上烧伤者在上座，剩下的各按他们的功劳就座，而唯独没有邀请说改烟囱为弯曲的人。有人对主人说：'假使当初听了那客人的话，不用牛、酒，就可以使火患没有。如今按功劳而邀请宾客，提出把烟囱改成弯曲的、把柴移走的人没有得到奖赏感谢，却把焦头烂额的人作为上宾吗?'主人于是醒悟而邀请他。今茂陵徐生屡次上书说霍氏会有变化，应当防止杜绝他。假如按徐生所说的做，那么，国家就不会因为分割土地、封赐爵位而耗费，臣子也不会因为叛逆作乱而被诛杀。往事既然已经发生，唯独徐生一人没有蒙受皇恩。请陛下明察——重视提前采取预防措施的策略，使其优先于那些在事故中受伤严重的人。"汉宣帝意识到自己的疏失，奖赏徐生十匹帛，任命他为负责宫廷宿卫和差遣的郎官。这也是"曲突徙薪"这个成语的来源。

唐代诗人周昙赋诗感叹："曲突徙薪不谓贤，焦头烂额飨盘筵。时人多是轻先见，不独田家国亦然。"

假如汉宣帝听从了徐生的建议，"则国无裂土出爵之费，臣无逆乱诛灭之败"。由此而言，"曲突徙薪"者的价值远胜于"焦头烂额"者。能防患于未然，远胜于治乱于已成之后。防患于未然，可以避免许多潜在的问题和风险的出现。"曲突徙薪"的故事启示工作者，在面对潜在的风险时，应当提前采取措施，避免灾难的发生。工作中必须注重预防问题的出现，而不是仅仅依赖于事后问题的解决。

1976 年 7 月 28 日凌晨 3 点 42 分，河北省唐山市发生了震惊世界的 7.8 级地震，灾后统计超过 24 万人在地震中丧生。与之形成鲜明对比的是，距离唐山 115 公里的青龙县，由于实现了地震预防，全县直接死于地震灾害的只有 1 人。青龙县在震中损坏房屋 18 万间，其中倒塌 7300 多间。

1974 年，国务院下达 69 号文件，指出华北及渤海地区地震形势紧张。文件中说，"要立足于有震，提高警惕，防备 6 级以上地震的突然袭击"。这个文件传达到青龙县后，青龙县开始了地震预防工作。他们建立了 16 个地震前兆现象观测站，下属 442 个观测点、哨。一些群众主动参加了对地下水、泉、动物及地下电流、地磁、地应力的观测。

1976 年 5 月后，两个群测点的数据均出现大幅度上升，7 月 17 日又发生"莫名其妙的指针跳动"。

7 月 24 日，青龙县委常委会作出了三项决定：加强各测报点工作，科委要有专人昼夜值班；加强地震知识宣传；要在800人会议上布置防震工作。多数公社广播站连续广播地震知识，传达县委决定，基本上达到了家喻户晓的程度。群众晚上不关门，不关窗。学校在操场上课，商店在外边卖货。

青龙县还对重点工程、仓库等重要设施责成专人检查，县委书记、副书记还深入到八一水库。有的公社还集中基层民兵巡逻值班。

经过几天的动员，青龙县进入了临震状态。7月27日晚上，青龙县科委主任王进志在"800人大会"上做了最后一次震情和防震减灾动员工作。

1976年7月28日凌晨3点42分，唐山大地震爆发，并很快波及青龙县。由于青龙县认真贯彻落实国务院下达的69号文件精神，提前采取了预防措施，"曲突徙薪"，青龙县近40万人民的生命得以保全。

伊索在他的寓言里，曾经讲过这样一则故事：一头野猪正对着树干磨它的獠牙。

一只狐狸来到它的身边，问它："你为什么不躺下来休息呢？现在又没有猎人和猎狗。"

野猪回答说："如果等到猎人和猎狗出现时，我再来磨牙，就来不及啦！"

孟子云："生于忧患，死于安乐。"欧阳修说："忧劳可以兴国，逸豫可以亡身。"常备不懈的忧患意识，是避免问题，尤其是灾难问题出现的有效方法。

工作者应该清醒地认识到，任何时候都可能发生问题，甚至是风险问题，而风险问题对于组织的命运生死攸关，必须警钟长鸣。

（二）"釜底抽薪"是根本

"与其扬汤止沸不如釜底抽薪"，是面对问题时，人们常说的一句话，意思是说，面对问题，应该从根本上解决问题，而不是仅仅采取暂时性的缓解措施。强调的是解决问题的彻底性和长远效果。这句话涉及到"扬汤止沸"和"釜底抽薪"这两个成语。

这两个成语最早出自西汉辞赋家枚乘的《上书谏吴王》。《上书谏吴王》是枚乘写给吴王刘濞（前215年—前154年）的一封信。

刘濞为汉高祖刘邦兄刘仲之子。初为沛侯，淮南王英布叛乱之时，高祖刘邦亲征平叛，年仅二十岁的刘濞，以骑将的身份跟随刘邦在蕲县之西一举击破英布的军队。公元前195年，刘濞因为破英布有功而被刘邦封为吴王，统辖三郡五十三城。

汉文帝时，刘濞的儿子吴国太子刘贤入京城，在陪伴文帝皇太子刘启（即后来的汉景帝）喝酒下棋时出现争执。刘贤个性彪悍，对刘启态度不恭敬，刘启拿起棋盘打刘贤，不料把他打死了。刘启派人将刘贤的遗体送回吴国安葬。

刘濞很生气，说："天下同一家，死在长安就葬在长安，何必送到吴国来安葬。"刘濞又派人把刘贤的尸体送回长安安葬。

刘濞从此产生怨恨，逐渐失去藩臣所应尽的礼节，称病不来朝见汉文帝，并在封国内招罗天下众多的亡命之徒，盗铸铜钱，又煮海水为盐，贩卖到全国各地，获利颇丰，以扩张割据势力，图谋篡夺帝位。

此时，枚乘为吴王郎中，也就是文学侍从，类似于文字秘书，他反对吴王谋逆，就上书吴王进行劝阻。枚乘在这封信中指出，吴王的所作所为是非常危险的，并说明要想没有危险，就不要做冒险的事，最后指出做事从开始就小心谨慎，自然没有危险。

枚乘在《上书谏吴王》中写道："人性有畏其影而恶其迹者，却背而走，迹逾多，影逾疾；不如就阴而止，影灭迹绝。欲人勿闻，莫若勿言；欲人勿知，莫若勿为。欲汤之沧，一人炊之，百人扬之，无益也，不如绝薪止火而已。不绝之于彼，而救之于此，譬由抱薪而救火也。"

枚乘劝谏吴王说，有人畏惧自己的影子和脚迹，他转身奔跑，结果脚印却更多，影子随身在后，追逐得更快。这样，还不如在背阴的地方停下来，影子与足迹也会消失。想让别人听不到，不如不说；想让别人不知道，不如不做。想让热水凉下来，一个人烧火，百人把水舀起再倒下，也没有效果，不如抽掉柴草停止烧火。不在那里采取决断的措施，却在这边施救，就像抱着柴草去救火一样。

"欲汤之沧，一人炊之，百人扬之，无益也；不如绝薪止火而已。"这句话就生成了"扬汤止沸"和"釜底抽薪"这两个成语。

"扬汤止沸"，比喻办法不彻底，不能从根本上解决问题。釜底抽薪，比喻从根本上解决问题。

由此可知，扬汤止沸是治标，而釜底抽薪则是治本。治标，与治本相对，是只对出现的问题做表面的处理，而不从根本上去解决。治本，与治标相对，是从根本上解决问题。

工作者遇到问题，既要做应急治标处理，更要从根本上去解决问题，达到标本兼治。只治标不治本，表面上看问题是解决了，但不知何时，问题又会冒出来，"夹生饭"更难吃。

要治本，就必须查找问题产生的根本原因，然后加以解决。就像医生治病那样，要针对病因进行治疗，而不是仅仅去缓解病人的症状。

（三）"见微知著"才主动

"见微知著"，是见到事物刚露出的一点苗头，就能知道其本质和发展的趋向。它最早出自战国韩非子《韩非子·说林上》："圣人见微以知萌，见端以知末，故见象箸而怖，知天下不足也。"

韩非子所说的这段话跟商纣王（前 1075 年—前 1046 年）有关系。商纣王，名辛，号帝辛，商代最后一位君主，帝辛年轻的时候，"资辨捷疾，闻见甚敏；才力过人，手格猛兽"，他曾经徒手与猛兽格斗，将九头牛拖着往后走。

他继位后，励精图治，不杀奴隶，发展生产，深山练兵，铸造兵器，率重兵征服东夷。征服东夷的胜利，使纣王逐渐骄傲恣肆，专横跋扈，特别是晚年，好酒淫乐，不理政事，开始腐败，曾在朝歌设肉林、酒池，寻欢作乐。

《韩非子·喻老》记载："昔者纣为象箸，而箕子怖。以为象箸必不加于土铏，必将犀玉之杯，象箸玉杯必不羹菽藿，则必旄象豹胎。旄象豹胎，必不衣短褐而食于茅屋之下，则锦衣九重，广室高台。"

这是说，纣王用象牙做筷子，他的太师箕子见了十分担忧。他认为，有了象牙筷子，就不会再用土瓷羹器了，必定要用犀玉杯子，这样才能相配。有了象箸玉杯，就不会用来盛普通的食品，就要讲究装高级的食物，如旄象豹胎。吃食这么讲究，穿的、住的也不会马虎，住茅屋、穿短褂当然就不行，而是要锦衣九重、建筑高阔殿宇楼台，追求享乐了。

有人问他："为什么这样为纣王担忧？他说："这样下去，国家会灭亡的。"果然没有多久，因纣王骄奢淫逸，挥霍无度，殷朝就被周朝灭掉了。

中国古代著名的思想家和散文家韩非子，把箕子的这种联想，概括成"圣人见微以知萌，见端以知末，故见象箸而怖，知天下不足也"。这就是见微知著的来历。

习近平总书记在 2019 年秋季学期中央党校（国家行政学院）中青年干部培训班上的讲话中指出，"领导干部要有草摇叶响知鹿过、松风一起知虎来、一叶易色而知天下秋的见微知著能力。"

工作者要预防问题的出现，必须有"见微知著"的能力，就像听到草叶摇响就知道鹿在奔跑，松风一起就知道老虎将要到来，看见一片树叶变色就能感知秋天来临。"月晕而风，础润而雨"。月亮周围出现了晕圈，就知道将要刮风，房屋的石柱返潮湿润就知道将要下雨。不仅能明察显性的先兆，还能觉察隐性的异常。

宋朝人苏洵在《辨奸论》一文中说："事有必至，理有固然。惟天下之静者，乃能见微而知著。"这是说，事情的发展必定会有一定的结局，道理有它原本就该如此的规律。例如，世间万物皆有其发展的轨迹，就像季节更替，冬天之后必然是春天，这是一种必然的趋势，是事物发展的内在规律所决定的。天下只有冷静客观有见识的人，才能够从细微之处预见到日后将会发生的显著变化。

"惟天下之静者，乃能见微而知著"，工作者要见微知著，需要冷静客观有见识。冷静可以帮助工作者避免情绪化的反应，而客观则让工作者能够更准确地评估情况，不受个人偏见的影响。冷静与客观的结合，有助于工作者做出更为理智和有效的判断。

见微知著要提升观察力。观察是认识客观事物的重要方法。视觉生理学研究证明：一个正常的人从外界所接受到的信息，有百分之九十以上是从视觉通道输入的，人的大量知识是通过这种途径获得的。

人们常说："处处留心皆学问"，这话说得有道理。只要我们注意留心观察生活中的人、事、物，我们总会看到、听到有用的东西。对这些所见所闻我们再加以思考分析，便会得到我们所需要的东西了。那么，应该怎样去观察呢？观察虽然离不开用眼睛看，但却不是一般的看。它要用脑去想，用心去体会，去感觉。走马观花，是称不上观察的。

观察要能透过现象看到本质。

▋ 延伸阅读

亚里士多德对学生的教诲

一天，有个小伙子千里迢迢来向亚里士多德求教。亚里士多德给了小伙子一条鱼，并对他说："你仔细看看它有什么特征。"小伙子胡乱看了看，回答亚里士多德说："我看不出有什么特异的地方。"

看着这位粗心的小伙子，亚里士多德摇了摇头，语重心长地对他说："年轻人，做任何事都离不了观察力，而且这观察力还要敏锐。这一点不能不记住。"

在亚里士多德的启发下，小伙子认真细致地继续观察，终于发现：鱼没有眼皮。当小伙子把

观察结果告诉亚里士多德时，亚里士多德高兴地
收下了这个学生。

　　"做任何事都离不了观察力，而且这观察力
还要敏锐。"这是亚里士多德告诉他的学生的话，
也是告诉工作者的话。没有敏锐的观察能力，工
作者对一些问题就会熟视无睹，自然也就不会有
正确而深刻的认识。

三、积极面对工作中遇到的各种各样问题

　　工作者在生活和工作中，常常会遇到各种各样的问
题。对这些问题如何面对，检验着工作者的修养状态。有
的工作者一遇到问题，就觉得是麻烦来了，心生烦恼，想
方设法躲避问题；有的工作者遇到问题，则觉得是机会来
了，心生喜欢，想方设法找办法解决问题。前者永远不会
进步，而后者会在解决问题的过程中，提升自己，大踏步
前进。

（一）问题是成长机会

　　工作者要积极面对工作、生活中遇到的各种各样问

题，首先就要确立问题就是成长机会的观念。遭遇问题是麻烦，但更是成长进步的契机。人生，其实就是一个不断解决问题的过程，每一个问题的解决都会让工作者学到过去没有学到的知识和本领，这有益于促进个人的发展与进步。

宋徽宗时，有一位很有功底的山水画家叫朱子明，在某一天他就遇到了麻烦的问题。

宋徽宗赵佶喜欢书画，并且造诣很深。他自创一种书法字体被后人称之为"瘦金体"，他热爱画花鸟画自成"院体"，后世评价他："宋徽宗诸事皆能，独不能为君耳！"

这一天，宋徽宗问随从："天下何人画驴最好？"随从当场没有回答上来。退堂之后，随从赶紧去寻画驴最好的人。结果，有人告诉他：画家朱子明有"驴画家"之称，显见画驴最好。于是，他就上奏皇上，召朱子明进宫画驴。

朱子明接到圣旨，吓得浑身直冒冷汗。因为他根本不会画驴。他是画山水的画家，因为是同行戏弄他而给他起了个"驴画家"的外号，并非擅长画驴才有"驴画家"之称。

但是，皇上之命不可违，情急之下，朱子明只好苦练画驴技术，先后画了数百幅有关驴的画。当他来到皇宫，他挥笔成驴，受到了宋徽宗的赏识，他也因之而真正成了天下第一画驴之人。

　　自己不会画驴，皇上还钦点让自己画驴。不会画或画不好，轻者入狱，重者杀头，朱子明遇到的问题真是很棘手。但他苦练画驴技术，最终不仅受到了宋徽宗的赏识，还成就了自己，成为"天下画驴第一人"！

（二）问题是进步阶梯

　　工作者遇到问题，一定要辩证地看待它。问题，尤其是棘手的问题，可以是前进道路上的障碍，也可以是登攀路上的台阶，解决一个问题等于跃上了一个台阶，走向巅峰的距离就会缩短一步。关键在于你怎样看待它。

　　如果你把工作中遇到的问题看作是前进道路上的障碍，就会消极被动，想方设法逃避障碍，最终可能会碌碌无为。

　　有位科学家，曾经做过这样一个实验：他将一只平常可以跳跃 30 厘米高的跳蚤，放到一个高度只有 15 厘米的透明玻璃瓶里。一开始，这只跳蚤在玻璃瓶里跳跃时，它的头部总是撞到瓶盖上。后来，这只跳蚤为了不撞头，就改用一半的力气去跳。从此之后，它的头再也没撞过瓶盖。

　　过了一段时间，科学家将瓶盖取了下来，但这只跳蚤所跳的高度再也没有超过 15 厘米。因为它不仅已经适应了所处环境的限制，也习惯于压制自己潜能的发挥了。

这个实验说明，事物的发展变化，不仅会受到外界客观环境的限制，也会受到主观努力的限制。广而言之，当解决问题时遭遇挫折，如果工作者缺乏坚强的意志，他就会灰心丧气，从而自己限制自己，成为失败者；如果工作者具有坚强的意志，他就能充分调动自身的潜能，从而战胜困难，成为胜利者。

如果工作者把工作中遇到的问题看作是登攀路上的台阶，就会积极主动，想方设法去解决问题，发扬不屈不挠的蜗牛精神，最终突破自己，解决了问题，再上一个台阶，成为一名有成就者。大庆石油管理局勘探开发研究院原院长王启民（1937 年 9 月—2024 年 8 月 19 日）就是榜样。

1961 年 8 月，王启民从北京石油学院毕业后来到了大庆油田地质指挥所工作。一到大庆，他就被铁人王进喜"宁可少活二十年，拼命也要拿下大油田"钢铁誓言激励着，他和所里几个同伴写下了一副气势豪迈的对联："莫看毛头小伙子，敢笑天下第一流"，横批为"闯将在此"。他们还特意将"闯"字中的"马"字写得大大的，突破了门框。这一个"闯"字，正是他一生科研工作的缩影。可谓"筚路蓝缕启山林，栉风沐雨砥砺行"。

为了向表外储层要资源，王启民带领试验组先后打了 21 口探井，结果，全部宣告失败。面对挫折，王启民没有气馁。他带领试验组继续拼搏。他白天和工人一起上井测试、作业，一口井一口井地搜集资料；晚上在帐篷中分析数据，画出地下油层的连通图。一次，一口井要下封隔器，可汽车由于下雨进不了井场，他和一位同事硬是走了好几公里路把封隔器背到现场。当他放下手中的封隔器时，因劳累和类风湿强直性脊椎炎发作，腰许久直不起来。经过 52 次封窜、堵水，终于使 19 口井都达到了正常产量。

王启民经过研究认为，要保持油田持续高产稳产，必须有一整套油田开发方法及配套的工艺技术来作为保证。

为此，王启民从 1970 年开始，就率领研究人员进行了长达 10 年之久的接替稳产试验。这 10 年间，他和其他研究人员一起施工作业，逐井取样化验，分析数据，经常一干就是通宵达旦。夏夜，工地上蚊子成群；冬季，帐篷里满是冰霜。他以前野外作业落下的风湿病复发加重，每天不得不"罗锅"着腰。同事们心疼他，劝他回家养病，他说："我是组长，最了解试验方案和进展情况，怎么能走呢？"

经过 3000 多个日日夜夜，保持油田持续高产稳产的油田开发方法及配套的工艺技术，终于破土而出。

2009 年 9 月 14 日，王启民被评为 100 位新中国成立以来感动中国人物之一。1985 年王启民被国家人事部命名为"中青年有突出贡献专家"；1996 年 8 月 27 日，王启民被大庆石油管理局党委命名为"新时期铁人"；2019 年 9 月 17 日，国家主席习近平签署主席令，授予王启民"人民楷模"国家荣誉称号；2019 年 9 月，王启民被授予"最美奋斗者"。

问题到底是机会还是障碍，取决于工作者的关注点。成功的工作者会把关注点放在机会上，而碌碌无为的工作者则会把关注点放在障碍方面。

（三）不把问题当问题

工作者要积极面对工作中遇到的各种各样问题，还要有一种"不把问题当问题"的积极心态，这也是处理问题的一种策略。

"不把问题当问题"，就是要认识到工作中遇到问题是正常的，解决问题就是本职工作的主要内容。

"不把问题当问题"，就不会过分地放大问题，就会以平静的心情看待问题，这样有助于工作者保持冷静和理智，从而以最好的状态、最有效的策略解决面对的问题。

工作中遇到问题，工作者如果不把问题当问题，而是当作工作的一部分内容，就会把关注点集中到做好工作、解决问题上，并集中全力去解决问题。

如果太把问题当问题，关注点就会集中到问题上，这在心理上容易受到"问题"压制，你特别重视某个问题，越是过度去关注它，越是着急去解决，越是会使问题变得更加严重。

《庄子·达生篇》有这样一段话："以瓦注者巧，以钩注者惮，以黄金注者殙。其巧一也，而有所矜，则重外也，凡外重者内拙。"庄子认为，当一个人用瓦片做赌注时，他的技艺可以发挥得很好；而当他用银钩这类较贵重的东西做赌注时，就会变得犹豫不决；如果用黄金做赌注，就会变得愚昧无知。尽管他的赌技前后并没有什么变化，但由于有所顾忌，对外物看得过重，内心反而变得笨拙。例如，在重要体育比赛中，如果运动员过度看重冠军荣誉（类似以黄金注者），就可能因压力过大而发挥失常，而以平常心对待（类似以瓦注者）往往能更好发挥自身水平。

"不把问题当问题"，并非是让工作者当鸵鸟，不去解决问题，而是战略上藐视它，在战术上重视它。"战略上藐视它，在战术上重视它"，源自毛泽东的战略战术思想，是指导战争和其他领域竞争的一种哲学理念。这句话强调了在面对任何挑战或敌人时，应该保持一种自信和乐观的态度，同时在具体的行动和策略上要谨慎和认真对待。

神经科学家研究证明，如果一个人专注于问题，那么，他的大脑将无法找到解决问题的方案。这是因为当他专注于问题时，他会无形中形成一种"消极情绪"，而这种消极情绪，就会激活大脑的负面思维，最终阻碍他找到潜在的解决问题方案。因此，工作者遇到问题时，应该保持冷静的心态，把注意力转移到面向解决方案的思维方式。

▊ 延伸阅读

瓦伦达心态

瓦伦达是美国一位著名的高空走钢索表演艺术家。他一直以精彩而稳健的高超演技闻名，从未出过事故。但就在他73岁时，准备退出表演，宣布退休，最后一次走钢丝时，却发生了第一次意外。这也是他唯一一次和最后一次发生的意外，他从十米高的钢索上摔了下来，当场身亡。

　　他的妻子后来回忆说，以前每一次成功的表演，他都只关注走钢丝这件事本身，而不会去想这件事可能带来的一切。但最后这次表演，他总是不停地说，这次太重要了，不能失败。

　　后来，心理学家把这种为了达到一种目的总是患得患失的心态命名为"瓦伦达心态"。

|第三章|
掌握解决问题的"总钥匙"

　　俗话说："用对钥匙才能开对锁。"解决问题，最要紧的，是要把思想方法和工作方法搞对头。"工欲善其事，必先利其器"。方法之于解决问题，就好像过河的船与桥一样重要。正如毛泽东同志在《关心群众生活，注意工作方法》一文中所说："我们不但要提出任务，而且要解决完成任务的方法问题。我们的任务是过河，但是没有桥或没有船就不能过。不解决桥或船的问题，过河就是一句空话。不解决方法问题，任务也只是瞎说一顿。"①

　　工作者要把思想方法和工作方法搞对头，就要掌握马克思主义的思想方法和工作方法。马克思主义的思想方法

---

① 《毛泽东选集》第 1 卷，人民出版社 1991 年版，第 139 页。

和工作方法是人们认识世界和改造世界的根本方法，是解决问题的"总钥匙""总开关"。

一、最要紧的是把思想方法搞对头

"最要紧的是把思想方法搞对头"，这句话是陈云提出的观点。1957 年 1 月 9 日，陈云在中共商业部党组会议上的讲话中强调："学习理论，最要紧的，是把思想方法搞对头。"[①]"这一点，对于任何工作岗位的同志，对于解决任何问题，都是最重要的。"[②]

思想方法，是人们观察问题、分析问题、思考问题和解决问题所采取的立场观点、思维方式和价值取向。思想方法不同，对解决问题的思路方法就不同，而最终的实践结果也就完全不同。如果思想方法不对头，那么工作方法也会随之出现问题。思想指引行动，思想方法决定工作方法。简言之，思想方法如果失之毫厘，实践结果就会谬以千里。而且不仅解决不了问题，还可能会制造出新的问题。把思想方法搞对头，认识问题才能站得高，分析问题才能看得深，才能在认识、分析和解决问题时做到全面、

---

① 《陈云文选》第三卷，人民出版社 1995 年版，第 46 页。

② 《陈云文选》第三卷，人民出版社 1995 年版，第 46 页。

深入和准确，从而把握事物的发展规律，找到有效的解决问题方案。

（一）最重要的最根本的思想方法

马克思主义思想方法是指用马克思主义哲学的世界观指导人们观察世界认识世界的思维方式，也就是解决"怎么看""是什么"的问题。思想方法与世界观、认识论是一致的。因世界观不同存在着不同的思想方法。实事求是，是最重要的、最根本的思想方法。实事求是，是毛泽东用中国成语对马克思主义世界观和方法论所作的高度概括。"实事"就是客观存在着的一切事物，"是"就是客观事物的内部联系，即规律性，"求"就是去研究。

邓小平曾经指出："毛泽东同志在延安为中央党校题了'实事求是'四个大字，毛泽东思想的精髓就是这四个字。毛泽东同志所以伟大，能把中国革命引导到胜利，归根到底，就是靠这个。"[①]

中国共产党就是靠实事求是起家和兴旺发展起来的。回顾我们党100多年的历史可以清楚地看到，什么时候坚持实事求是，党就能够形成符合客观实际、体现发展规

---

① 《邓小平文选》第2卷，人民出版社1994年版，第126页。

律、顺应人民意愿的正确路线方针政策，党和人民事业就能够不断取得胜利；反之，离开了实事求是，党和人民事业就会受到损失甚至严重挫折。

掌握实事求是的思想方法，必须把握实事求是的科学内涵。实事求是的科学内涵，就是一切从实际出发，理论联系实际，在实践中检验真理并发展真理。

（二）做到实事求是的"十五字诀"

怎样才能做到实事求是？陈云给出了十五个字，即"不唯上、不唯书、只唯实，交换、比较、反复"。陈云说，怎样做到实事求是？我体会就是这十五个字，前九个字是唯物论，后六个字是辩证法，总起来就是唯物辩证法。

1990 年 1 月 24 日，陈云同浙江省党政军领导谈话时将事先题写的条幅赠送给时任浙江省委书记李泽民，并对这十五个字作了详细解释。

1991 年 1 月 18 日李泽民在《人民日报》发表了题为《改善工作方法提高领导水平》一文，该文阐述了他学习陈云同志"不唯上、不唯书、只唯实，交换、比较、反复"这一重要思想的体会，并披露了陈云对这"十五字诀"的解释。

对前九个字，陈云解释说："不唯上，并不是上面的话不要听。不唯书，也不是说文件、书都不要读。只唯实，就是只有从实际出发，实事求是地研究处理问题，这是最靠得住的。"

对后六个字，陈云认为，"交换，就是互相交换意见。比方说看这个茶杯，你看这边有把没有花，他看那边有花没有把，两人各看到一面，都是片面的，如果互相交换一下意见，那末，对茶杯这个事物我们就会得到一个全面的符合实际的了解。过去我们犯过不少错误，究其原因，最重要的一点，就是看问题有片面性，把片面的实际当成了全面的实际。作为一个领导干部，经常注意同别人交换意见，尤其是多倾听反面的意见，只有好处，没有坏处。比较，就是上下、左右进行比较。抗日战争时期，毛主席《论持久战》就是采用这种方法。他把敌我之间互相矛盾着的强弱、大小、进步退步、多助寡助等几个基本特点，作了比较研究，批驳了'抗战必亡'的亡国论和台儿庄战役胜利后滋长起来的速胜论。毛主席说，亡国论和速胜论看问题的方法都是主观的和片面的，抗日战争只能是持久战。历史的发展证明了这个结论是完全正确的。由此可见，所有正确的结论，都是经过比较的。反复，就是决定问题不要太匆忙，要留一个反复考虑的时间。这也是毛主席的办法。他决定问题时，往往先放一放，比如放一个礼拜、两个礼拜，再反复考虑一下，听一听不同的意见。如果没有不同的意见，也要假设一个对立面。吸收正确的，驳倒错误的，使自己的意见更加完整。因为人们对事物的认识，往往不是一次就能完成的。这里所说的反复，不是反复无常、朝令夕改的意思。"①

正确的思想方法是确保工作方法有效的前提。无论是面对何种问题，只有思想方法正确，才能思路开阔、方法多样，并且在处理问题时能够做到张弛有度、收放自如。

（三）思想方法对头才不会犯错误

1947 年 2 月 7 日，陈云在中共中央辽东分局会议上发表了题为《怎样才能少犯错误》的讲话。他提到，"在延安的时候，我曾以为自己过去犯错误是由于经验少。毛主席对我说，你不是经验少，是思想方法不对头。他要我学点哲学。过了一段时间，毛主席还是对我说犯错误是思想方法问题，他以张国焘的经验并不少为例加以说明。第三次毛主席同我谈这个问题，他仍然说犯错误是思

---

① 陈云：《不唯上、不唯书、只唯实，交换、比较、反复》（1990 年 1 月 24 日），《人民日报》1991 年 1 月 18 日。

想方法问题。"①

后来，陈云把毛主席从井冈山到延安写的著作都找来看，研究毛泽东处理问题的方法。同时再次考虑，错误到底是从哪里来的？他得出一条结论，"是由于主观对客观事物认识上有偏差。凡是错误的结果都是由行动的错误造成的，而行动的错误是从认识的错误来的。认识支配行动，行动是认识的结果。"② 这就是说，犯错误的原因，不是经验少，而是思想方法不对头。

还举例说："蒋介石为什么说三个月或者五个月就可以消灭我们呢？他的这种错误的判断，就在于他对我们的兵力是同群众密切结合的这一点缺乏估计，同时夸大了自己精锐武器的作用，忽视了自己军队的士气低落和同群众的严重脱离。"陈云认为，人犯错误的原因，是"由于主观对客观事物认识上有偏差"，他还进一步强调："人之所以犯错误，都是由于不了解实际情况就匆忙地决定对策，主观与客观相脱离。"③ 陈云同志精准地分析出了人犯错误的原因。

主观与客观相脱离，就会产生主观唯心主义的工作指

---

① 《陈云文选》第 1 卷，人民出版社 1995 年版，第 342 页。

② 《陈云文选》第 1 卷，人民出版社 1995 年版，第 342 页。

③ 《陈云文选》第 1 卷，人民出版社 1995 年版，第 342—343、343 页。

导思想。在主观唯心主义思想的指导下，犯错误那是必然的。因为主观不能正确地反映客观。

主观，指人的意识、思想、认识等；客观，指人的意识之外的物质世界或认识对象。主观就是人类大脑活动的各种产物。客观就是大脑活动以外存在的各种事物。

工作者要想在工作中少犯错误，有效地解决工作中遇到的问题，一定要使自己的主观意识符合客观外界的规律性，否则，就会在实践中遭致失败。

李瑞环有一句名言："人之成功，是由于主观努力符合客观实际。人之失败，是由于主观与客观脱节。"① 这真是精辟之论。

延伸阅读

"实事求是"的来龙去脉

"实事求是"一词，最早出自《汉书·河间献王传》。它是东汉著名史学家班固赞誉汉景帝儿子刘德严谨治学态度的话。原文是："修学好

---

① 李瑞环：《学哲学 用哲学》（上册），中国人民大学出版社 2005 年版，第 22—23 页。

古，实事求是，从民得善书，必为好写与之，留其实。"唐代的严师古注释"实事求是"说："务得事实，每求真实也。"这里是说，做学问，务必掌握详细真实的资料，以得出与实际相符合的结论。

刘德是汉景帝刘启的十四个儿子中的一个。封在河间（今河北河间市一带），为河间王，死后谥献，所以世称"河间献王"。

刘德一生酷爱藏书。他曾经从民间收集整理了许多先秦时期的旧书。因为秦始皇焚书，先秦时期的古文书籍在当时已经比较少见，因此，他收藏的古籍多是高价从民间购买的。而且他对收集来的古籍还加以认真考据整理。东汉史学家班固在编撰《汉书》时，为刘德立了"传"，赞扬刘德热爱古代文化，对古代文化的研究非常认真，总是在占有详细真实的资料后，才从中求得正确可靠的结论来。

毛泽东吸取了"实事求是"这一中国传统文化思想中的精华，并用马克思的辩证唯物主义和历史唯物主义加以概括，从而赋予了新的内涵。

1941 年 5 月，在延安干部会上，毛泽东作了《改造我们的学习》的报告。在报告中，他对实事求是作了如下的阐述："'实事'就是客观存在着的一切事物，'是'就是客观事物的内部联系，即规律性，'求'就是我们去研究。我们要从国内外、省内外、县内外、区内外的实际情况出发，从其中引出其固有的而不是臆造的规律性，即找出周围事变的内部联系，作为我们行动的向导。"①

现在人们常用实事求是来指一切从实际出发，按照事物的实际情况说话、办事等。

二、必须掌握马克思主义工作方法

"马克思主义工作方法主要是指运用马克思主义哲学方法论指导人们分析改造世界的工具手段，也就是解决'怎么干'、'干什么'的问题。马克思主义思想方法和工作方法是有机统一、不可分割的。"② 马克思主义工作方法是马克思主义哲学世界观和方法论在实践中的具

① 《毛泽东选集》第 3 卷，人民出版社 1991 年版，第 801 页。
② 王伟光：《学会运用习近平新时代中国特色社会主义思想所贯穿的马克思主义思想方法和工作方法》，人民网，2018 年 4 月 24 日。

体体现，在实践中表现为一系列的具体方法和策略。例如，调查研究的方法、问题导向的方法、群众路线的方法，等等。

（一）调查研究的方法

"调查就像'十月怀胎'，解决问题就像'一朝分娩'。调查就是解决问题。"[①] 这是毛泽东的一句名言，也是他的经验总结。毛泽东还强调指出："你对于那个问题不能解决吗？那末，你就去调查那个问题的现状和它的历史吧！你完完全全调查明白了，你对那个问题就有解决的办法了。一切结论产生于调查情况的末尾，而不是在它的先头。只有蠢人，才是他一个人，或者邀集一堆人，不作调查，而只是冥思苦索地'想办法'，'打主意'。须知这是一定不能想出什么好办法，打出什么好主意的。换一句话说，他一定要产生错办法和错主意。"[②]

毛泽东的这段话通俗易懂地说明了调查研究在解决实际问题中的重要作用。你调查清楚那个问题的现状和它的历史，你就能够解决那个问题；你把那个问题调查清楚了，你就有解决那个问题的办法了。

[①] 《毛泽东选集》第 1 卷，人民出版社 1991 年版，第 110—111 页。
[②] 《毛泽东选集》第 1 卷，人民出版社 1991 年版，第 110 页。

习近平总书记也强调，调查研究是做好工作的基本功。一定要学会调查研究，在调查研究中提高工作本领。①

客观世界是复杂的，认识复杂的客观世界不是一件很容易的事情，而解决复杂的客观世界存在的问题更是难上加难。要化解这一系列的难题，一个重要的手段就是调查研究。

工作者要了解社会问题，了解情况，要解决实际问题，不能坐在办公室里喝茶、饮咖啡想办法；不能躺在床上、安乐椅上冥思苦想找主意，而是要走到田间地头，奔向工厂车间，到基层群众中间去。工作者应该迈开双脚，到自己工作范围的各部分各地方去走走，也可以召集那些明了情况的人来开个调查会，通过调查研究，没有解决不了的问题。

调查研究需要正确的方式方法，否则，空跑了路，浪费了人力物力，最后却收效甚微，甚至没有收效，更可怕的是，还可能因为调查得不认真、研究得不深入，偏听偏信，以偏概全，得出错误的结论，给出错误的对策。果如此，则是要祸国殃民的。

---

① 《习近平在中央党校（国家行政学院）中青年干部培训班开班式上发表重要讲话》，新华网，2020 年 10 月 10 日。

根本在于解决实际问题

　　工作者进行调查研究，要践行"求深、求实、求细、求准、求效"这五点要求。这五点要求，是2003年2月25日，时任浙江省委书记习近平同志在《浙江日报》"之江新语"专栏发表的一篇题为《调研工作务求"深、实、细、准、效"》短文中提出来的："一定要保持求真务实的作风，努力在求深、求实、求细、求准、求效上下功夫。"

　　"'深'，就是要深入群众，深入基层，善于与工人、农民、知识分子和社会各界人士交朋友，到田间、厂矿、群众和社会各层面中去解决问题。"① 工作者进行调查研究必须深入群众，深入基层，到群众中去倾听群众的所想所急所盼，脚踏实地地去了解和掌握真实情况，千万不能走马观花、蜻蜓点水似地去调查研究，更不能只看到一点表面现象、一个枝节片叶，就以偏概全，指手画脚。这是调查研究之大忌。

　　深入群众，深入基层，不仅"身到"，更要"心到"。"身到"而"心不到"，是形式上的调查研究，而不是实际上的调查研究。形式上的调查研究是根本了解不到真实情况的。

---

① 习近平：《调研工作务求"深、实、细、准、效"》，《浙江日报》2003年2月25日。

2023 年 12 月 29 日，中央纪委国家监委网站通报了贵州省政协原党组副书记、副主席周建琨在调研中搞形式主义、官僚主义，热衷舆论造势、做表面文章的问题。通报说，2016 年至 2021 年，周建琨在任毕节市委书记期间，搞"打卡式""作秀式"调研，有时一天要调研十多个点，到调研点与基层干部握握手、说两句话、拍几张照后即离开，不深入群众了解、解决实际困难。在调研过程中挑剔吃住、专车开道，增加基层负担。

周建琨的调查研究纯属于"作秀"，"身到"而"心不到"，这种调查研究不仅劳民伤财，而且严重地影响党群关系、干群关系。

"'实'，就是作风要实，做到轻车简从，简化公务接待，真正做到听实话、摸实情、办实事。"①"涉浅滩者得鱼虾，入深水者得蛟龙。"请看毛泽东是怎样做的。

毛泽东在《关于农村调查》中谈了他的经验："怎样使对方说真话？各个人特点不同，因此，要采取的方法也各不相同。但是，主要的一点是要和群众做朋友，而不是去做侦探，使人家讨厌。群众不讲真话，是因为他们不知道你的来意究竟是否于他们有利。要在谈话过程

---

① 习近平：《调研工作务求"深、实、细、准、效"》，《浙江日报》2003 年 2 月 25 日。

中和做朋友的过程中，给他们一些时间摸索你的心，逐渐地让他们能够了解你的真意，把你当做好朋友看，然后才能调查出真情况来。群众不讲真话，不怪群众，只怪自己。"

"我在兴国调查中，请了几个农民来谈话。开始时，他们很疑惧，不知我究竟要把他们怎么样。所以，第一天只是谈点家常事，他们脸上没有一点笑容，也不多讲。后来，请他们吃了饭，晚上又给他们宽大温暖的被子睡觉，这样使他们开始了解我的真意，慢慢有点笑容，说得也较多。到后来，我们简直毫无拘束，大家热烈地讨论，无话不谈，亲切得象自家人一样。"①

毛泽东的调查研究经验告诉工作者，要做到听实话、摸实情、办实事，就要放下架子、扑下身子，接地气、通下情，"身入心至"，拿调查对象当朋友，才能获得真实有益的东西。

"'细'，就是要认真听取各方面的意见，深入分析问题，掌握全面情况。"②

调查研究是一项深入细致的工作。细致，就包括细心

① 《毛泽东农村调查文集》，人民出版社1982年版，第27页。
② 习近平：《调研工作务求"深、实、细、准、效"》，《浙江日报》2003年2月25日。

听取各方面的意见。请看毛泽东在调查研究中是怎样认真听取各方面的意见，深入分析问题，掌握全面情况的。1941年3月17日，他在《农村调查》的序言中谈到过他是怎样细心听取各方面的意见的。他说：

"开调查会，是最简单易行又最忠实可靠的方法，我用这个方法得了很大的益处，这是比较什么大学还要高明的学校。到会的人，应是真正有经验的中级和下级的干部，或老百姓。我在湖南五县调查和井冈山两县调查，找的是各县中级负责干部；寻乌调查找的是一部分中级干部，一部分下级干部，一个穷秀才，一个破产了的商会会长，一个在知县衙门管钱粮的已经失了业的小官吏。他们都给了我很多闻所未闻的知识。使我第一次懂得中国监狱全部腐败情形的，是在湖南衡山县作调查时该县的一个小狱吏。兴国调查和长冈、才溪两乡调查，找的是乡级工作同志和普通农民。这些干部、农民、秀才、狱吏、商人和钱粮师爷，就是我的可敬爱的先生，我给他们当学生是必须恭谨勤劳和采取同志态度的，否则他们就不理我，知而不言，言而不尽。开调查会每次人不必多，三五个七八个即够。必须给予时间，必须有调查纲目，还必须自己口问手写，并同到会人展开讨论。因此，没有满腔的热忱，没有眼睛向下的决心，没有求知的渴望，没有放下臭架子、甘当小学生的精神，是一定不能做，也一定做不好的。必须明白：群众是真正的英雄，而我们自己则往往是幼稚可笑的，不了解这一点，就不能得到起码的知识。"①

从毛泽东同志的这段话中，我们不难看出，他把干部、农民、秀才、狱吏、商人和钱粮师爷，都当成自己可敬爱的先生，以恭谨勤劳和采取同志态度的方式向他们请教，从而获得了真实的情况。

"'准'，就是不仅要全面深入细致地了解实际情况，更要善于分析矛盾、发现问题，透过现象看本质，把握规律性的东西。"②

工作者通过调查研究，全面而深入细致地了解到了实际情况，但这还仅仅是一个开始，更重要的是要能站在马克思主义的立场上，对矛盾进行深入的分析，并透过现象看到其本质，从而认识并把握它的内在规律。毛泽东的《寻乌调查》就是准确分析矛盾、发现问题的典范之作。

2011 年 11 月 16 日，习近平同志在中共中央党校秋季

① 《毛泽东农村调查文集》，人民出版社 1982 年版，第 16—17 页。
② 习近平：《调研工作务求"深、实、细、准、效"》，《浙江日报》2003 年 2 月 25 日。

学期第二批学员入学开学典礼上的讲话中曾经评价过毛泽东的寻乌调查。他说:"毛泽东同志 1930 年在寻乌县调查时,直接与各界群众开调查会,掌握了大量第一手材料,诸如该县各类物产的产量、价格,县城各业人员数量、比例,各商铺经营品种、收入,各地农民分了多少土地、收入怎样,各类人群的政治态度,等等,都弄得一清二楚。这种深入、唯实的作风值得我们学习。"①

"'效',就是提出解决问题的办法要切实可行,制定的政策措施要有较强操作性,做到出实招、见实效。"②

调查研究不是为了调查而调查,不是为了研究而研究。调查研究的目的,是要把事情的真相和全貌调查清楚,把问题的本质和规律把握准确,把解决问题的思路和对策研究透彻。

陈云是全党公认的调查研究的典范人物,在调查研究中,他总是认真地听取各方面的意见,了解真实的情况,并针对存在的问题,给出对策。比如,1961 年 6 月下旬到 7 月上旬,陈云回到他的家乡——上海市青浦县小蒸人民公社,进行了 15 天的农村调查。

① 习近平:《谈谈调查研究》,《学习时报》2011 年 11 月 22 日。
② 习近平:《调研工作求"深、实、细、准、效"》,《浙江日报》2003 年 2 月 25 日。

他每天上午在家里开座谈会，下午三四点钟到田间地头、养猪场和农民家里、集体食堂等地方进行考察。15天的时间里，他听取了公社党委两次汇报，召开了十次专题座谈会。

向贤彪先生曾经写有《陈云同志调查研究的加减乘除法》一文。他在文章中写道："小蒸公社过去是养猪最多的地方，1958年公社化后，养猪却一年比一年减少。陈云在调查中发现，公家养猪的地方脏得一塌糊涂，小猪、大猪、病猪、好猪都是格式化的饲养，吃一样的饲料。而农民家里养的猪，都是干干净净，还捉泥鳅喂猪吃。后与农民交谈，进一步发现，上面强调公家养猪，有饲料跟不上、管理跟不上、保暖跟不上、劳力跟不上等弊端。陈云通过一看二听三算账，得出一个结论：要迅速恢复和发展养猪事业，必须多产猪苗；而要多产猪苗，就必须把母猪下放给家庭饲养。这一主张在实践中得以贯彻后，当地养猪业迅速恢复和发展起来。"①

从向贤彪先生的这段描述中，我们不难看出，陈云是怎样深入细致地进行调查研究的，是怎样认真听取各方面意见的。也正因为如此，陈云回京后写出了《母猪也

---

① 向贤彪：《陈云同志调查研究的加减乘除法》，《中国纪检监察报》2015年7月15日。

应该下放给农民私养》的调研报告，为相关政策的制定提供了依据。

（二）问题导向的方法

所谓问题导向的方法，就是以问题为抓手，以解决问题为目的的一种工作方法。坚持问题导向，实际上就是一个及时发现问题、科学筛选问题、明确界定问题、准确分析问题、全力解决问题的过程。

党的二十大报告指出："必须坚持问题导向。问题是时代的声音，回答并指导解决问题是理论的根本任务。今天我们所面临问题的复杂程度、解决问题的艰巨程度明显加大，给理论创新提出了全新要求。"[1]坚持问题导向是马克思主义中国化、时代化的本质要求，也是马克思主义的重要工作方法。我们党领导人民干革命、搞建设、抓改革，从来都是为了解决中国的现实问题。

新时代新征程，工作者要用好问题导向这个重要的工作方法，一切从实际出发，"聚焦实践遇到的新问题、改革发展稳定存在的深层次问题、人民群众急难愁盼问题、

---

[1] 习近平：《高举中国特色社会主义伟大旗帜 为全面建设社会主义现代化国家而团结奋斗——在中国共产党第二十次全国代表大会上的报告》，《人民日报》2022 年 10 月 26 日。

国际变局中的重大问题、党的建设面临的突出问题，不断提出真正解决问题的新理念新思路新办法。"①

（三）群众路线的方法

《中国共产党章程》明确指出："党在自己的工作中实行群众路线，一切为了群众，一切依靠群众，从群众中来，到群众中去，把党的正确主张变为群众的自觉行动。"这段话是对党的群众路线这一概念的最权威的阐释。

什么是"从群众中来，到群众中去"？毛泽东在《关于领导方法的若干问题》一文中做了阐述："将群众的意见（分散的无系统的意见）集中起来（经过研究，化为集中的系统的意见），又到群众中去作宣传解释，化为群众的意见，使群众坚持下去，见之于行动，并在群众行动中考验这些意见是否正确。然后再从群众中集中起来，再到群众中坚持下去。如此无限循环，一次比一次地更正确、更生动、更丰富。"②

优秀县委书记焦裕禄在兰考寻找治理沙丘的办法就生

---

① 习近平：《高举中国特色社会主义伟大旗帜　为全面建设社会主义现代化国家而团结奋斗——在中国共产党第二十次全国代表大会上的报告》，《人民日报》2022 年 10 月 26 日。

② 《毛泽东选集》第 3 卷，人民出版社 1991 年版，第 899 页。

动地诠释了什么是"从群众中来,到群众中去"。

为了找到治沙的方法,焦裕禄同志逐个地征求风沙勘查队同志的意见。有的说,挖防风沟;有的说,打防风墙;有的说,种树固沙。焦裕禄说,这些办法都很好,就是慢了点。我们看看受灾的群众,再想想我们的责任,能不能有更好的方法快一点?

这时,有人随口答道,我听一个林业大学的学生讲,国外有一种办法,沥青固沙。每亩地用 30 公斤沥青,再加上 95% 的水,兑成乳液,用喷雾器喷到沙丘上来固沙。

焦裕禄听了,哈哈大笑:"这个办法适合国外,不适合咱中国的兰考。我看办法还得到群众中去寻找。"

为了到群众中找到治沙的方法,焦裕禄来到了沙害严重的下马台。在下马台,一座长着青草、坟前长着小树的坟墓引起了焦裕禄的注意。原来,这座坟是当地农民魏铎彬母亲的坟。

据魏铎彬介绍,每当春冬,风沙就把他母亲的棺材板刮露出来了,让他很难过。后来,他利用一个早上的时间把地下的淤泥挖了出来,盖在坟上。结果,坟上长了小草,坟前他栽上了树。

焦裕禄是蹲在地上跟魏铎彬交谈的。听了魏铎彬的介绍,他一下子就站了起来。高兴地说,一个人一早上一个坟头，我们十几万人干上几年，一定会让沙丘变成良田。

焦裕禄把魏铎彬的经验带到县委常委会上进行讨论，县委一班人认为，这种办法可行，于是，他们就在下马台搞了一个月的试点。试点成功后，这种方法便在全县推广开来。他们还给这个方法取名为"贴膏药（盖淤泥）扎针（种树）"。

群众路线方法，既是思想方法，又是领导方法和工作方法。坚持群众路线，始终保持同人民群众的血肉联系，是中国共产党的光荣传统和政治优势。"真正的铜墙铁壁是什么？是群众，是千百万真心实意地拥护革命的群众。这是真正的铜墙铁壁，什么力量也打不破的，完全打不破的。"①

▎延伸阅读

群众的意见，不外是几种情况

什么是党的工作中的群众路线呢？简单地说来，它包含两方面的意义：在一方面，它认为人民群众必须自己解放自己；党的全部任务就是全

---

① 《毛泽东选集》第1卷，人民出版社1991年版，第139页。

心全意地为人民群众服务；党对于人民群众的领导作用，就是正确地给人民群众指出斗争的方向，帮助人民群众自己动手，争取和创造自己的幸福生活。因此，党必须密切联系群众和依靠群众，而不能脱离群众，不能站在群众之上；每一个党员必须养成为人民服务、向群众负责、遇事同群众商量和同群众共甘苦的工作作风。在另一方面，它认为党的领导工作能否保持正确，决定于它能否采取"从群众中来，到群众中去"的方法。①

群众的意见，不外是几种情况。有合理的，合理的就接受，就去做，不做不对，不做就是官僚主义。有一部分基本合理，合理的部分就做，办不到的要解释。有一部分是不合理的，要去做工作，进行说服。②

三、把马克思主义哲学作为必修课

掌握马克思主义思想方法和工作方法，必须用马克思

① 《邓小平文选》第1卷，人民出版社1994年版，第217页。
② 《邓小平文选》第1卷，人民出版社1994年版，第273页。

主义哲学来武装头脑，要把马克思主义哲学作为必修课，把它作为看家本领。毛泽东在延安时期，曾经把马克思主义哲学比喻为"望远镜"和"显微镜"。他说："我们的眼力不够，应该借助于望远镜和显微镜。马克思主义的方法就是政治上军事上的望远镜和显微镜。"①

汉代刘安在《淮南子·说林训》中云："太山之高，背而弗见；秋毫之末，视之可察。"泰山虽然雄伟高峻，但背朝着它就什么也看不见；秋天鸟兽新长的细毛虽然微小，但仔细观察也能看得清楚。

2013年12月3日，习近平总书记在中共中央政治局第十一次集体学习时的讲话中也强调："党的各级领导干部特别是高级干部，要原原本本学习和研读经典著作，努力把马克思主义哲学作为自己的看家本领。"

（一）在读原著学原文悟原理上下功夫

努力把马克思主义哲学作为自己的看家本领，必须在读原著、学原文、悟原理上下功夫。读原著、学原文、悟原理，是党的理论武装工作的优良传统和政治优势。

恩格斯指出："一个人如果想研究科学问题，首先要学

---

① 《毛泽东选集》第1卷，人民出版社1991年版，第212页。

会按照作者写作的原样去阅读自己要加以利用的著作，并且首先不要读出原著中没有的东西。"用心阅读原著，学习原文，悟透原理，是掌握马克思主义哲学的有效途径。唯有如此，才能把握马克思主义哲学的精髓要义。

李瑞环曾经回忆说："我这一生对我帮助最大的就是马克思主义哲学。"①"许多马克思主义哲学著作我都反复认真读过，有的文章甚至可以背下来。尤其那本哲学辞典，我叨咕得非常熟，还和人搞过比赛，看谁查得快、讲得准、背得多。"毛泽东25000多字的《矛盾论》，李瑞环能熟背如流。他深有体会地说："哲学这门学问说来也神，你的工作越变化、越新，它显得越有用；你的地位越高、场面越大，它的作用越大；你碰到的问题越困难、越复杂，它的效力越神奇；面对的问题越关键，它发挥的作用越关键。"②

（二）在真学真懂真信真用上见到实效

学习马克思主义哲学，还必须在真学、真懂、真信、

---

① 李瑞环：《学哲学 用哲学》（上册），中国人民大学出版社2005年版，第16页。
② 李瑞环：《学哲学 用哲学》（上册），中国人民大学出版社2005年版，第16页。

真用上见实效。唯有如此，才能让马克思主义哲学成为解决实际问题的真正指导。

真学，是真心诚意地自主学习，而不是假模假式地学习。它是一种深层次的学习方式。真学的核心要素，是学习的自主性和创造性，学习者在没有外界强制推动的情况下，自主选择学习马克思主义哲学思想，带着问题学、联系思想和工作实际学，而且通过自主探索和实践，真正理解和掌握马克思主义哲学，促进自身独立思考和问题解决能力的提升。

真懂，是真学的升华。学习马克思主义哲学的真懂，是通过真学，真正懂得马克思主义哲学的精髓要义、核心理念、世界观和方法论，从而更好地把握认识和解决实际问题的立场观点方法。

真信，是内化为心、外化为言行的统一，是在真学、真懂基础上形成的思想收获。真信是一种转化，就是把马克思主义哲学的力量转化为自己内心的力量，这种思想的内心力量激励着自己去竭尽全力解决各种难题。

真用，是要在真学、真懂、真信的基础上联系实际用，将所学的理论知识付诸实践。学习重在理论联系实际，解决实际中的问题。知者行之始，行者知之成。"读书是学习，使用也是学习，而且是更重要的学习。……说学习和使用不容易，是说学得彻底，用得纯熟不容易。"①
只有真用，马克思主义哲学思想才能变成活生生的实践，
才能变成改造世界、推动历史前进的力量，才能成为解决
实际问题的指导。

李瑞环学马克思主义哲学，不仅真学、真信，还真用。
他在天津主政期间，"爱与人大代表、政协委员、各界群众
开对话会，且每次都是电视现场直播，大家一问一答，现场
非常活跃，群众也欢迎，几乎是家家必看。在一次对话会
上，一位老太太说她家煤气灶常点不着火，有关部门领导
现场解答时讲了许多数字、原因、道理，李瑞环却打断道：
'你讲那么多没有用。老太太要求的是煤气点火就着。'这件
事，被天津人总结为李瑞环的'老太太哲学'。"②

"老太太哲学"，其实就是"老百姓哲学"，是把马克
思主义哲学百姓化。

"老百姓哲学"，是不空谈道理、务实敢干解决实际问
题的"哲学"，而不是"空对空"的哲学，不是光说大道理，
不干实事的哲学。不是只对上负责、不对下负责的哲学，
不是对上对下都不负责的哲学。

---

① 《毛泽东选集》第 1 卷，人民出版社 1991 年版，第 181 页。

② 廖楠：《李瑞环：从"青年鲁班"到爱读书的老人》，《人民日报·海外版》2013 年 5 月 10 日。

正是秉持着这种"老太太哲学",李瑞环在天津办了许多实事,比如,他到任天津的一年多时间,便完成了引滦入津工程,让天津人喝上了清澈的滦河水。

学哲学,不是为了学而学,而是为了应用而学习,要坚持内化于心、外化于行,在知行合一上下大功夫。

(三)学习马克思主义哲学最根本方法

学习马克思主义哲学,还必须解决学习方法问题。方法可以多种多样,但最根本的就是理论联系实际的方法。

理论联系实际是我们党的光荣传统和优良作风。"我们党的历史反复证明,什么时候理论联系实际坚持得好,党和人民事业就能够不断取得胜利;反之,党和人民事业就会受到损失,甚至出现严重曲折。"① 习近平总书记的这段话简明扼要地说明了理论联系实际这一党的光荣传统和优良作风的重要性和必要性。

理论紧密联系实际是党和人民事业取得胜利的保证,也是一个人茁壮成长的一条重要规律。众所周知,李瑞环是从一个木工一步步走到党和国家最高领导层的。这其中

---

① 《习近平在中央党校(国家行政学院)中青年干部培训班开班式上发表重要讲话强调　立志做党光荣传统和优良作风的忠实传人　在新时代新征程中奋勇争先建功立业》,《人民日报》2021 年 3 月 2 日。

有一个重要的原因，就是他重视学习马克思主义哲学，而且紧密联系实际。正如他所言："学习马克思主义，还必须解决学习方法问题。方法可以讲很多，但最根本的就是理论联系实际的方法。"①

毛泽东在《实践论》中说过："如果有了正确的理论，只是把它空谈一阵，束之高阁，并不实行，那么，这种理论再好也是没有意义的。"

中世纪波斯（今伊朗）的诗人萨迪说："无论你腹中有多少知识，假如不用便是一无所知的。"他还比喻道："有了知识而不运用，如同一个农民耕耘而不播种。"

学习的目的全在于运用。工作者读书如果不能理论联系实际，即使他读了再多的书，也不能说达到了学习的最终目的。

延伸阅读

恩格斯的读书方法

弗里德里希·恩格斯（1820 年 11 月 28 日——

---

① 李瑞环：《学哲学 用哲学》（上册），中国人民大学出版社 2005 年版，第 13 页。

1895 年 8 月 5 日）是德国著名的思想家、哲学家、革命家，马克思主义创始人之一，是卡尔·马克思的挚友，为马克思从事学术研究提供了大量经济上的支持。

1837 年，恩格斯遵从父命，中学未毕业就弃学经商。恩格斯著有《反杜林论》，集中当时多门科学的重要成果，批驳了杜林的理论。著有《路德维希·费尔巴哈和德国古典哲学的终结》，对哲学问题作出经典概括，为划分唯物主义和唯心主义提出了科学标准。1848 年 2 月中旬，马克思和他起草的《共产党宣言》在伦敦出版。

恩格斯为什么能从一个未毕业的中学生成为伟大的无产阶级革命导师，这跟他读经典原著、在实践中自学思考、理论联系实际的读书方法有着直接的关系。

恩格斯重视读经典原著，一般不轻易使用第二手、第三手的材料。他认为，"研究原著本身，不会让一些简述读物和别的第二手资料引入迷途。""系统读原著是从事研究的一种正确的读书方法。这样，可以了解一个理论的产生、发展和完善的过程，不仅可以全面系统地掌握基本原理，而且可以掌握其发展过程，了解这一理论的全貌。"

恩格斯重视在实践中自学并思考。这一点在他的求学经历和后来的革命活动中都有充分体现。1841年9月，他为了服兵役而来到柏林，他利用业余时间到柏林大学听哲学课，并对谢林的演讲进行了认真学习，还撰写了《谢林论黑格尔》《谢林——基督哲学家》等批判谢林哲学的文章，并在《莱茵报》上发表了《一个旁听生的日记》。

恩格斯不仅在学术上自学并思考，还非常重视通过社会实践来进行学习和研究。为了充分了解英国无产阶级的真实生活状况，恩格斯广泛走访工厂、矿区等，与各行各业的劳动者交往，参加工人运动。恩格斯公开表示，"把自己的空闲时间几乎全部用来和普通工人交往，这样做，我感到高兴又骄傲"。

恩格斯极为重视理论联系实际，并强调通过实践来修正理论中的错误。他认为理论的方案需要通过实际经验的大量积累才臻于完善。他在《英国工人阶级状况》的序言中指出："伟大的阶级，正如伟大的民族一样，无论从哪方面学习都不如从自己所犯错误的后果中学习来得快。"他在《致弗洛伦斯·凯利－威士涅威茨基的信》中强调："要获取明确的理论认识，最好的道路就是从本身的错误中学习，'吃一堑，长一智'"。

列宁在谈到恩格斯《英国工人阶级状况》一书的写作时说："恩格斯是在英国，在英国工业中心曼彻斯特认识无产阶级的。他在 1842 年迁到这里，在他父亲与人合办的一家商号中服务。在这里，他并不只坐在工厂的办事处里，他常常到工人栖身的肮脏的住宅区去，亲眼看见工人贫穷困苦的情形。但是，他并不满足于亲身的观察，他还阅读了他所能找到的在他以前论述英国工人阶级状况的一切著作，仔细研究了他所能看到的一切官方文件。这种研究和观察的结果，就是 1845 年出版的《英国工人阶级状况》一书。"

|第四章|
提高解决问题的效率和效果

效率就是用更少的投入实现更多的产出；效果，是由某种因素造成的结果。工作者解决实际问题，也有一个效率和效果的问题，也就是在解决实际问题的过程中，工作者如何用更少的投入，来加快速度、减少时间、降低成本，提升效率和效果。

一、缩短找到解决问题正确方法的时间

时间是一种非常稀有的资源，因为时间无法节流存储。人们可以储蓄金钱、积累知识，但却无法储蓄时间。不管人们是否愿意，他都得按照一定的速率消费时间，根本无法针对时间进行节流，因为时间不可逆转。常言道：

"光阴似箭，一去不返。"时间不可能像遗失的物品那样，还有失而复得的那一天。它流逝了就永远地流逝了，不会再重来。因此，如何在有限的时间内找到解决问题的正确方法，就成为一个重要的议题。

（一）头脑风暴法

头脑风暴法，是一种集体式的创造性解决问题的方法。这种方法是由美国创造学家 A.F. 奥斯本于 1939 年首次提出，并于 1953 年正式发表的一种创造性思维方法。这种方法虽然通常用于集体讨论，但如果是自己面对问题需要单打独斗时，个人也可以通过特定的步骤和技巧来进行自我头脑风暴。一个人如何进行"头脑风暴"，可以参考以下的步骤和技巧：

准备阶段。明确要解决的问题以及要达成的目标，围绕要解决的问题以及达成的目标来进行思考。如果问题以及要达成的目标不明确，思考就会漫无目的，难以产生有效的想法。这跟一个团队进行头脑风暴一样，如果议题不明确，大家在讨论的时候，就会东拉西扯，无法聚焦到有用的地方。明确了要解决的问题以及要达成的目标之后，就要围绕这些来搜集相关的信息，为头脑风暴提供素材。巧妇难为无米之炊，没有这些素材，思考就没有依凭。工作者可以通过阅读书籍、浏览网页等方式来获取相关的信息。与此同时，还要准备好纸和笔，待进行头脑风暴时使用。这虽然非常容易做到，但非常重要。用笔在纸上写东西，与用电脑或手机写东西，感觉是完全不一样的，因此得出的结论也很有可能不同。

思考阶段。工作者在思考阶段，一定要给自己限定时间，是用半小时还是一个小时来进行头脑风暴。有一定的时间限制，有利于自己集中精力，高效率地运用大脑资源，快速产生想法。工作者设定了时间限制之后，就让自己的思维"汪洋恣肆"，不管你的想法多么荒唐可笑，多么离经叛道，多么不切实际，都先记录下来。

思考时，工作者要尝试从不同的角度去思考解决问题的答案。比如，解决城市交通拥堵问题时，不要仅仅局限于增加道路或者限制车辆出行等传统方法，还可以考虑一些创新的方式，如错时上下班的工作模式来减少出行需求。

另外，还可以打破常规，尝试一些看似不符合常理的功能组合。例如，有人把音乐和医疗结合起来，产生出了音乐疗法这样的创意。

筛选阶段。工作者在头脑风暴结束后，要对头脑风暴中产生的想法进行筛选。筛选时，要紧贴解决问题后要达成的目标进行筛选，筛掉那些明显不可行或者不符合达成目标的想法。

（二）逻辑拆解法

火箭飞向月球需要一定的速度。科学家经过精密的计算得出结论：火箭的自重至少要达到 100 万吨。而如此笨重的庞然大物是无论如何也没有办法飞向天空的。因此，在很长的一段时间里，科学界都一致认定：按这种重量，火箭是根本不可能被送上月球的。

后来，苏联科学家康斯坦丁·齐奥尔科夫斯基提出了火箭分级的设想，终于使问题获得了解决。

所谓"火箭分级"，就是将火箭分成若干级，让第一级火箭先燃烧，当第一级火箭燃尽了全部推进剂以后，就把它丢弃，随之点燃第二级火箭……这样，火箭的其他部分就能轻松地逼近月球了。

"火箭分级"的设计思想在解决问题的过程中可以生成逻辑拆解法。所谓逻辑拆解法，就是把那个看起来复杂的问题拆解成一系列小问题，然后逐个加以解决。这种方法有益于系统、精准、高效地解决问题。而且在解决一系列小问题的过程中，不仅能不断地获得成就感，还可以逐步优化解决问题的策略。

　　日本长跑运动员山田本一曾在 1984 年、1987 年的国际马拉松邀请赛中两次夺魁。当记者问他凭什么取得如此出色成绩时，他的回答是："凭智慧战胜对手。"

　　对于他的这种回答，人们有些疑虑，认为山田本一似乎有些故弄玄虚或招摇夸张之嫌，因为谁都知道，马拉松比赛主要是运动员体力和耐力的较量，爆发力、速度的技巧都在其次，怎么能说靠智慧取胜呢？

　　后来，人们读了山田本一的自传，才对他所说的"凭智慧战胜对手"有所领悟，认识到这确实是他取得成功的经验之谈。

　　山田本一在自传中写道：每次比赛之前，我都要乘车将比赛路线仔细勘察一遍，并把沿途比较醒目的标志画下来，比如第一个标志是一家银行，第二个标志是一棵大树，第三个标志是一座公寓…… 这样一直画到赛程终点。比赛开始后，我以百米冲刺的劲头向第一个目标冲去；到达第一个目标后，又以同样的速度向第二个目标冲去……40 多公里路程，就这样被我分成若干个小目标而轻松地跑完。

　　起初，我并不是这样做的，而是把目标一下子定在终点的那面旗帜上，结果还没跑完几公里就觉得疲惫不堪，因为我被前面那段遥远的路程吓倒了。

山田本一的做法其实就是逻辑拆解法。假如把复杂的问题比作一座 10 层高楼，不用梯子从 1 楼到 10 楼是绝对蹦不上去的，相反，蹦得越高，就会摔得越重，而必须是一步一个台阶地走上去。逻辑拆解法，就是要给复杂问题的破解搭个梯子。

（三）模块化方法

"模块化"是借用计算机行话。计算机系统无疑是复杂的。但无论多么复杂的计算机系统，都可以拆分为各自独立、简单的小系统。

工作者如果遇到复杂问题，不妨把它"模块化"。也就是把复杂问题拆分成一个又一个小系统，即元问题，每一个元问题找到直接的解决办法，复杂问题最终就会得以破解。所谓元问题，就是关于问题的问题。

17 世纪法国著名哲学家笛卡尔认为，凡是在理性看来清楚明白的就是真的。复杂的事情看不明白，应当把它尽可能分成简单的部分，直到理性可以看清其真伪的程度。

工作者要破解复杂问题，可以用"模块化"的方法，来拆解问题。即把复杂问题拆解为一个又一个元问题，元问题是最本质、最细小的待解决的问题。把一个又一个元问题解决了，复杂问题的解决，就大功告成了。比如，你当了贫困村的第一书记，你要破解贫困村的复杂问题。

贫困村之所以贫困肯定有多种原因。有主观原因，有客观原因；有历史原因，有现实原因。主观原因，可能是思想僵化保守、不思进取，可能是村里原来的带头人在其位不谋其政；客观原因，可能是交通不便，可能是土地瘠薄。历史原因，可能是有不良的传统民风影响；现实原因，可能是对现代发展无感、教育条件所限，等等。当这些问题一个一个被拆分出来之后，所对应的解决方法就有了。这段论述虽然文字不少，但实际上还是很抽象。请看陕西省铜川市印台区红土镇惠家沟村原党支部书记郭秀明是怎样用"模块化"的方法让惠家沟村脱贫致富的。

郭秀明是 1991 年 11 月 8 日被选为村党支部书记的。当时，惠家沟村的整体情况是：全村人均收入仅 298 元。有个顺口溜很能概括村里的情况："惠家沟，沟连坡，出门就爬坡，人穷光棍多"。

如何让惠家沟村脱贫致富？郭秀明与其他村干部一道，讨论了惠家沟的实际情况，讨论了致富方略：栽树、建校、修路；确定了送贫穷、迎富裕的目标工程。

在 5 年的时间里，郭秀明带领惠家沟人共营造用材林1700 余亩，经济林 650 余亩，使宜林荒山绿化率达到了

100%。1996 年 3 月，惠家沟村被国家绿化委员会命名为"全国绿化千家村"，郭秀明也被评为三北防护林建设先进个人。

郭秀明上任后，一直在思考一个问题："我们村为啥穷？穷就穷在教育没搞好，脑筋不开化上。"因此，他在植树的同时，也抓起了育人工程。

郭秀明上任时，村办小学的几间瓦房早就破烂不堪。坍塌的顶棚用木棍支着，下雨漏雨，刮风漏风。郭秀明下决心要修建新学校。决心好下，实际运作却困难重重。首要的问题就是缺少资金。郭秀明又带头捐款。书记带了头，村民们也纷纷解囊。尽管他们都是囊中羞涩之人，但为了孩子，他们还是倾其所有。全村共集资 1.3 万元。

建校工程开工了。为了保质保量完成工程，郭秀明一头扎进了工地。他白天既当指挥官，又当泥瓦匠；夜晚就住在工棚子里，睡麦草，连续 45 天没有离开过工地。在他上任的第二年的 9 月 1 日，村上有史以来的第一座楼房——2 层 8 间的教学楼终于落成了。

惠家沟村沟坡相连，小路弯曲狭窄。看着这弯曲狭窄的小路，郭秀明想到了人们常说的一句话："要致富，修公路。"他决心将窄路拓宽，弯路修直。而在此期间发生的一件事，更坚定了他修路的决心。

1999 年 3 月，铜川恺撒企业集团公司来红土镇办牛羊养殖基地。郭秀明听到消息，立即赶到镇里，想争取到这一项目。但他磨破了嘴，也没争取到，因为人家嫌惠家沟路窄车不好进。结果把基地选在了离公路近的松林塔。

这件事深深地震动了郭秀明。他回村后，马上动员了村里的男女老少，开始修路。他们从夏干到秋，硬是把阴坡路改成了阳坡路，将 4 米路拓宽到 8 米。恺撒企业集团老总张国安被感动了，他决定将基地扩大到惠家沟。①

郭秀明虽然没有明确地说他带领村民脱贫致富是用"模块化"的方法，但实际上从理论上来看，他就是用这种方法破解了惠家沟村复杂贫困难题的。"栽树""建校""修路"，一个一个"模块"问题解决了，整体复杂难题就破解了。

这种运用拆解问题，把问题"模块化"的方法，是破解复杂问题的有效策略。运用这种方法，先要从整体上把握问题，然后再从顶向下拆分，把问题拆分为几个大的方面，而不要一开始就纠缠于细节。

① 郭秀明带领村农民脱贫致富故事，根据中共中央宣传部宣传教育局编《新时期共产党员的风采》（学习出版社 2001 年版），第 356—366 页资料编写。

（四）寻求帮助法

工作者遇到的问题，如果不是前所未有的，而是先前有些人已经遇到过，而且已经有了成功的经验，不妨通过各种方式寻求他人的帮助。现在的网络给工作者提供了很好的寻求帮助平台。众人拾柴火焰高。

有个小孩在搬一块大石头。父亲在旁边鼓励他："孩子，只要你全力以赴，一定能搬起来！"

孩子竭尽了全力，但也没有把石头搬起来。孩子对爸爸说："我已经尽全力了！"

父亲对他说："你没有拼尽全力。"孩子听了这句话，很懵圈。父亲对他说："我就在你旁边，你却没请求我的帮助！"

原来，全力以赴，并不是你一个人在战斗。全力以赴，是拼尽全力，穷尽所有办法，用尽所有可利用的资源。

工作者在解决问题、尤其是棘手难题时，需要在拼尽全力、穷尽所有办法的同时，还要善于"用尽所有可利用的资源"。这就是要善于集思广益，从群众中汲取智慧和力量。

俗话说："三个臭皮匠，顶过一个诸葛亮。"诸葛亮被认为是智慧的化身。但"三个臭皮匠"也能赛过他。民间传说，诸葛亮率军过江，江水湍急浪高，而且江中礁石繁多。打头阵的船只和竹筏不是被水冲走，就是触礁沉没。诸葛亮一筹莫展。

入夜，3个做牛皮活的皮匠前来献策。他们告诉诸葛亮：可以买一些牛，剥下整张牛皮，然后封好切口，让士兵往里吹气，做成牛皮筏子，这样的筏子不怕撞。诸葛亮以策而行，顺利地率领队伍过了江。之后"三个臭皮匠顶个诸葛亮"这句民间谚语就广为流传。工作者在解决问题时，不能仅靠自己单打独斗，要善于向他人问策。

工作者通过上述方法，应该可以在有限的时间内找到解决问题的正确方法，从而更好更快地解决问题。

延伸阅读

谁能把鸡蛋竖起来？

世界著名航海家哥伦布发现美洲大陆后，凯旋西班牙，曾受到国王和王后在宫殿里的迎接。当时还从未有过一个普通人受到这样隆重的礼遇，这使一些人很不服气。

在一次宴会上，有个人站起来对哥伦布说：

"你发现了新大陆，可我看不出这有什么值得大惊小怪的，任何一个人都可以发现，这是再简单不过的事了。"

哥伦布听后没有吭声。他站起来，从盘子里取出一个鸡蛋，对周围的人说："先生们，你们当中有谁可以使这个鸡蛋竖立起来?"

听到这个奇怪的问题，在座的人都迷惑不解。他们轮流拿起鸡蛋尝试，可是没有一个人成功。于是，大家都说这是不可能的。哥伦布接过鸡蛋，小心地将它一头的蛋壳敲破了一点，鸡蛋就竖立起来了。他抬起头来，扫视了大家一眼，平静地说："先生们，还有什么比这更容易的呢?可你们却说是不可能的。这是再简单不过的了!任何人都可以做的——在有人做过了以后。"

二、一切行动都要围绕达成目标来进行

虽然工作者要解决问题，但解决问题不能紧盯着问题看，要紧盯着达成目标来看。这是提高解决问题效率和效果的一个重要的方法。工作中，有的人为了解决问题每天忙碌不堪，甚至忙得废寝忘食，但却不关心问题解决之

后，是否接近目标、达成目标。事实上，解决问题的最好状态，是既解决了问题，又接近或达成了目标。

工作者在解决问题的过程中，一切行动都围绕着达成预订目标来进行有助于确保所有的努力都朝着既定的方向前进，从而避免南辕北辙，提高解决问题的效率和效果。

（一）明确目标，以防止"南辕北辙"

目标是解决问题的方向，是解决问题行动的指南。我国有一个"南辕北辙"的成语，说是有一个人要到南方楚国去，却驾着车往北走，有人告诉他方向错了，他说没关系，我有一匹好马；别人说有好马也不行啊，他说我还有一辆好车；别人说有好车也不行啊，他说我还有一个技术高超的驭手。

不言而喻，方向错了，背道而驰，有好马、好车、高超的驭手也是无济于事的，而且还会距离目标越来越远。

由此可知，工作者在解决任何问题之前，都不要"匆忙"，也不要"茫然"，更不要"盲目"，而应该从确定正确的目标和方向开始。这是一个基础的方法，也是一个重要而关键的方法。

目标清楚、明确了，方向正确了，就会引导你正确地迈出每一步。目标不清楚、不明确，甚至方向错了，南辕北辙了，解决问题也是盲目地解决，而盲目地解决还很可能是白忙活。

在我国东北，曾经发生过这样一件事情：天降大雪，停车场上的汽车都被大雪覆盖了。

有位男士拿着扫雪工具，来给自己的爱车扫雪。他认认真真地扫完雪，准备开车上班。可是，当他一按车钥匙，想打开车门时，旁边的那辆车车门开了。

其实，在工作中，也有许多工作者就如同这位车主，常常只埋头"扫雪"而没有意识到要扫的并非是"这辆车"。当然，他想助人为乐，则另当别论。

要知道，从老鼠身上是挤不出奶来的。所以，起跑之前，先别忙着跑，要看好方向，弄清了目标再起跑。目标明确，事半功倍；目标模糊，努力白费。

红军过草地的时候，伙夫同志一起床，不问今天有没有米煮饭，却先问向南走还是向北走。

这说明，目标方向不能错。目标方向一错，南辕北辙，一错百错。

（二）紧盯目标，从根本上解决问题

盯紧目标，能让工作者在解决问题时少走弯路，不走歧路。紧盯目标，从根本上解决问题，是毛泽东解决问题的重要经验。例如，1948 年的辽沈战役，毛泽东给东北野战军下达了"先打锦州，后打沈阳，控制东北"的战略目标，这是基于全国解放的总体目标做出的战略部署。

辽沈战役开始前，是先打锦州还是先打长春？在战役部署上，毛泽东和作为东北野战军主帅的林彪产生了分歧。林彪主张先打长春，以最稳妥的方法步步为营，逐步解放东北全境。毛泽东则主张先打锦州，因为锦州是东北和华北之间的战略要道，是中国这只雄鸡的咽喉部位，又是对长春和沈阳补给的空运基地，拿下它，就等于切断了东北全境敌军和关内敌军的全部联系，东北就成了孤立之敌。一旦形成这种局面，东北野战军关门打狗，以强大的优势兵力围困并歼灭东北之敌，关外就再无战事。因此，毛泽东没有纠结于东北野战军战斗力是否足够、后勤是否能支撑这些具体问题，而是从全国通盘考虑的目标出发，整合资源，全力突破。

辽沈战役中，虽然东北野战军承受了巨大的压力，但推进了全国解放的步伐，最终，很快达成了全国解放的战略目标，东北野战军战斗力是否足够、后勤是否能支撑等具体问题也随之得到了解决。事实上，实现目标的过程，就是问题解决的过程。

苏轼在《思治论》中有言："犯其至难而图其至远"，

意思是说，向最难之处攻坚，追求最远大的目标。

就辽沈战役来说，林彪从东北战略区出发，要先打长春，他强调仗怎么好打就怎么打，意在从北往南追着敌人打，这样仗打起来容易得多，取胜的把握也大得多。但毛泽东是从夺取全国胜利的角度思考问题。他需要的不是东北一个战场上的胜利，而是不使敌军入关而增加华北或淮海战场上的压力，是要全歼东北之敌，进而围歼华北之敌和夺取淮海战役的全面胜利！为此，毛泽东先后给林彪发了二十多封电报，来说服林彪。

1948年10月14日，东北野战军开始总攻锦州城。经过31个小时的激烈战斗，全歼了锦州守敌，俘获了国民党东北"剿总"副总司令范汉杰、第6兵团司令卢浚泉以下十余万人。

辽沈战役历时52天，歼敌共47万多人，解放了东北全境。中国人民解放军首次在兵力数量方面超越国民党军，而且获得了大规模歼灭战的经验，也使我军获得了具有雄厚人力、物力的战略总后方。

（三）达成目标，才能持续创造价值

在一篇文章中看到过这样一句话："解决问题是战术上的事情，达成目标才是战略的核心"，言之有理。但在现实中，有的工作者往往重视战术上的事情，而忽视战略的核心，也就是纠结于眼前利益的得失，而忽视长期的价值。因此，这些工作者在解决问题的过程中，常常受困于细枝末节，陷入问题越解决越多的不良循环。

要破解这个困局，工作者遇到需要解决的问题时，要把注意力从问题本身移开，移到目标的达成上。紧盯目标，就有了行动的指南，就有了正确的方向，方向正确了，就不怕路远。

唐僧西天取经，可谓路途遥远，问题多多，要与各种妖魔鬼怪做斗争，要战胜恶劣的自然环境，还有人性欲望的诱惑，等等，但唐僧的眼里没有这多多的问题，他的眼里只有取回真经的目标。因为他紧盯着取回真经的目标不放，经历了九九八十一难，最后取回了真经。而取经路上的问题，在目标达成的过程中逐一被解决掉了。

▍延伸阅读

毛泽东解说《西游记》中人物

1938 年 4 月底，毛泽东同志接见了抗大第三期二大队毕业生并作了重要讲话。他在讲话中，要求学员们要有坚定正确的政治方向，艰苦朴素的工作作风，灵活机动的战略战术。为了帮助学员们了解这几句话的深刻含义及其重要性，他引用古典名著《西游记》中的人物来打比方说："唐僧这个人，一心一意想去西天取经，遭受了九九八十一难，百折不回，他的方向是坚定不移的，但他也有缺点：麻痹、警惕性不高，敌人换个花样就不认识了。猪八戒有许多缺点，但有一个优点，就是不怕艰苦。臭柿胡同就是他拱开的。孙猴子很灵活，很机动，但他最大的缺点是方向不坚定，三心二意。你们也别小看了那匹小白龙马，它不图名，不为利，埋头苦干，把经取回来，这是一种朴素、踏实的作风，是值得我们取法的。"①

三、对棘手难题要学会用简单思考方式

有时候，工作者在工作中遇到的问题，不是一般的问题，而是复杂棘手难题。这样的问题往往是头绪纷繁，荆

① 吴继金：《毛泽东的说服教育艺术》，共产党员网，2018年9月5日。

棘丛生，是与非、对与错、明与暗、强与弱、利与弊、好与坏，似乎错综复杂。

一说到"复杂""棘手"，有的工作者就会觉得头疼、头大。也难怪，面对头绪繁多而杂乱的问题，理出头绪来不容易；面对像荆棘刺手一样的难题，把它破解了，更不是一件轻而易举的事。

但作为工作者，却不得不随时面对着复杂棘手的难题。要破解这些复杂棘手的难题，工作者必须正确地审视认识它们。

（一）复杂棘手问题并非都是难以解决的

有的人一遇到复杂棘手的问题，总是习惯于将它想得很难解决。实际上并不是所有的复杂棘手问题都是难以解决的。

如果将问题想得难以解决，就会给自身增加心理暗示，从而影响解决问题的信心，这无疑会使问题更加复杂，更加棘手，而最终难以解决。因此，工作者遇到复杂棘手问题，不要一开始就把它想得难以解决。而应该用充分的信心，调动自身的智勇、挖掘潜能来解决它。

毛泽东曾经指出："主动权不是任何天才家所固有的，只是聪明的领导者从虚心研究和正确地估计客观情况，正确地处置军事政治行动所产生的东西。因此，是要有意识地去争取的东西，不是现成的东西。"①

解决复杂棘手难题的主动权也不是任何工作者所固有的，它需要工作者有意识地去争取，即树立解决复杂棘手问题的信心。

关于信心的作用，孙中山先生有过精辟之论。他在《建国方略·自序》中说："吾心信其可行，则移山填海之难，终有成功之日；吾心信其不可行，则反掌折枝之易，亦无收效之期也。心之为用大矣哉！夫心也者，万事之本源也。"

在孙中山先生看来，我要是相信它可行，则移山填海之难，终有成功之日；我要是相信它不可行，则像翻手掌折树枝那么容易的事情，也没有收获的日子。信心的作用非常大，信心就是万事成功之根本。

这实际上是孙中山先生自身经验的总结。结束 267 年的清朝统治，推翻 2000 多年的君主专制制度，谁能说简单不复杂？谁能说容易不棘手？但孙中山却有充分的信心结束它，推翻它，而且最终实现了这一梦想。他被人们尊称为伟大的民主革命先行者。

---

① 《毛泽东选集》第 2 卷，人民出版社 1991 年版，第 412 页。

民国初年，在国内的一次民意测验中，"当问及'你最佩服的人'和'国内大人物'时，人们都把孙中山列为第一位，给予高度评价。"①

2016 年 11 月 11 日，习近平总书记在纪念孙中山先生诞辰 150 周年大会上的讲话中指出："孙中山先生'致力国民革命凡四十年'，一生坚持'吾志所向，一往无前，愈挫愈奋，再接再厉'，对此矢志不移、无比坚定。……坚信只要'精神贯注，猛力向前，应乎世界进步之潮流，合乎善长恶消之天理，则终有最后成功之一日'。"②

正是这种坚信"终有最后成功之一日"，让他"愈挫愈奋"，最后成功地推翻了清王朝统治，结束了统治中国几千年的君主专制制度。面对复杂棘手的难题，信心的作用由此可见一斑。

德国著名思想家、理论家、作家鲁多夫·洛克尔，在其所著的《六人》中说："信心是行为的父亲。你只要相信你的目标，就可以说你已经走了一半的路程了。"

---

① 郭学旺：《孙中山与中国社会的变迁》，中国言实出版社 2001 年版，第 1 页。

② 习近平：《在纪念孙中山先生诞辰 150 周年大会上的讲话》，人民出版社 2016 年版，第 8 页。

(二)复杂棘手难题也有简单的本质

复杂问题虽然头绪繁多而杂乱,棘手问题虽然像荆棘一样刺手,但在它复杂、难以对付的表层下,也有简单性的本质。

什么是本质?《现代汉语词典》解释说:"本质,就是事物本身所固有的,决定事物性质、面貌和发展的根本属性。"

工作者要解决复杂棘手难题,不仅要正确认识复杂棘手难题,还要抓住复杂棘手难题的本质。

牵牛要牵牛鼻子。任何复杂棘手难题都有其本质特征,有其内在规律,抓住了复杂棘手难题的本质,按照客观规律办事,复杂棘手难题就会迎刃而解了。这其实就是要抓住主要矛盾和矛盾的主要方面。毛泽东曾经指出:"任何过程如果有多数矛盾存在的话,其中必定有一种是主要的,起着领导的、决定的作用,其他则处于次要和服从的地位。因此,研究任何过程,如果是存在着两个以上矛盾的复杂过程的话,就要用全力找出它的主要矛盾。捉住了这个主要矛盾,一切问题就迎刃而解了。"①

---

① 《毛泽东选集》第1卷,人民出版社1991年版,第322页。

为什么抓住主要矛盾和矛盾的主要方面，问题就会迎刃而解？因为主要矛盾和矛盾的主要方面的存在和发展规定或影响着其他矛盾的存在和发展。汉朝人桓谭在其《新论》中所说的这段话也是对此的诠释："举网以纲，千目皆张；振裘持领，万毛自整。"

打鱼时，抓住网上的大绳，网眼就张开了；整理皮袄时，抓住领口一抖，毛就理顺了。

破解复杂棘手难题，抓住了复杂棘手难题的本质，就等于抓住了复杂棘手难题的关键。也就像打鱼时抓住了网上的大绳；整理皮袄时抓住了皮袄的领口。

1975年，邓小平第二次复出后整顿经济，选择铁路和钢铁工业作为突破口，就是抓住了矛盾的主要方面。

"文革"十年，使我国经济濒临崩溃的边缘，而且社会秩序也非常混乱。1975年1月，邓小平复出后，担任了中共中央副主席、国务院副总理、中央军委副主席和中国人民解放军总参谋长等职。周恩来病重以后，他开始主持党、国家和军队的日常工作。

当时，各条战线都积累了大量的复杂棘手难题，急需整顿解决。从哪里开始整顿解决？并不是一件很好决策的问题。

邓小平经过调查分析，选择了当时最难整顿的铁路和钢铁工业作为突破口。

为什么要以当时最难整顿的铁路和钢铁工业作为突破口？因为这两个地方是当时国民经济的重点，也是"四人帮"破坏的重灾区。曾经担任过国家经委主任等职务的袁宝华回忆："1975年2月中旬，小平同志找谷牧、万里同志和我谈整顿铁路的问题。他说，怎样把国民经济搞上去是件大事。当前的薄弱环节是铁路。铁路运输问题不解决，生产部署打乱了，整个计划都会落空。小平同志指出，铁路是国民经济的命脉，特别是'高、大、半'：就是高度集中，大规模运作，半军事化。所以，解决铁路问题的办法，就是要加强集中统一，建立必要的规章制度，增强组织纪律性，坚决反对严重妨碍大局的派性。"①

同年3月5日，邓小平在中共省、市、自治区委员会主管工业的书记会议上发表了题为《全党讲大局，把国民经济搞上去》的重要讲话。他在讲话中明确指出："怎样才能把国民经济搞上去？分析的结果，当前的薄弱环节是铁路。铁路运输的问题不解决，生产部署统统打乱，整个计划都会落空。所以中央下决心要解决这个问题，今天

① 中共中央文献研究室编：《回忆邓小平》（上），中央文献出版社1998年版，第266页。

就要发出《中共中央关于加强铁路工作的决定》。"① 他还强调："解决铁路问题的经验，对其他工业部门会有帮助。对于当前存在的问题，要有明确的政策。要从大局出发，解决问题不能拖。"②

全国工业书记会议结束、《中共中央关于加强铁路工作的决定》（即 1975 年中央 9 号文件）发出之后，时任铁道部部长万里率领工作组赴徐州、太原、郑州、长沙等地，向广大铁路职工传达中央 9 号文件和小平同志讲话，落实中央决策要求。

3 月 28 日，在铁道部领导干部会议上，万里同志作了题为《认真贯彻中央 9 号文件，搞好整顿，扭转形势》的讲话。在讲话中，他分析了铁路面临的形势和问题，提出了"安全正点、畅通无阻、四通八达，名副其实地当好'先行官'"的目标。

"1975 年 6 月 30 日至 7 月 10 日，铁道部召开全国铁路工作会议，万里同志正式提出了'四通八达，畅通无阻，安全正点，当好先行'的奋斗目标。在这一目标的指引下，铁路坚持整顿领导班子、健全规章制度，狠抓铁路运输秩序，半年之后旅客列车正点到达率达到 95%，全路 20 个

---

① 《邓小平文选》第 2 卷，人民出版社 1994 年版，第 5 页。

② 《邓小平文选》第 2 卷，人民出版社 1994 年版，第 7 页。

铁路局中有 19 个超额完成计划，煤炭装车量 5 年来第一次完成计划运输指标。"①

在整顿铁路的同时，中央着手整顿钢铁工业。1975 年 5 月 29 日，中央召开钢铁工业座谈会。会上，邓小平同志针对钢铁工业几年来被"四人帮"破坏极为严重这一事实，提出重点要解决 4 个问题：

第一，必须建立一个坚强的领导班子。"要使领导班子一不软，二不懒，三不散，说了话大家都能听，都能指挥得动，都能领导起来。"②

第二，必须坚决同派性作斗争。"要敢字当头。对坚持闹派性的人，该调的就调，该批的就批，该斗的就斗，不能慢吞吞的，总是等待。对于派性，还要号召群众、发动群众起来共同反对。"③

第三，必须认真落实政策。"我们讲落实政策，不仅要解决戴上帽子的那些人的问题，而且要解决他们周围受到牵连的人的问题，……必须使他们很快把包袱放下来。"④

---

① 任怡静：《四通八达、畅通无阻、安全正点、当好先行》，中国国家铁路集团有限公司网站，2019 年 5 月 10 日。

② 《邓小平文选》第 2 卷，人民出版社 1994 年版，第 9 页。

③ 《邓小平文选》第 2 卷，人民出版社 1994 年版，第 9 页。

④ 《邓小平文选》第 2 卷，人民出版社 1994 年版，第 10 页。

第四，必须建立必要的规章制度。"要总结正反两方面的经验，把必要的规章制度恢复或建立起来。"①

袁宝华回忆说："会后，中央很快调整了冶金部的领导班子，同时颁发了1975年13号文件，并且根据小平同志的提议，国务院成立了钢铁工业领导小组，谷牧同志任组长，我任副组长，帮助钢铁工业这个遭受'四人帮'破坏的重灾区尽快恢复和发展。在小平同志领导下，冶金工业整顿初见成效，到6月底情况就发生了变化，钢产量日平均达到72400吨，创历史最高水平。"②

就当时的国内经济社会发展的状态而言，百废待兴，情况复杂，问题棘手。不仅急需国民经济发展，也急需重建社会秩序。邓小平同志和党中央抓住了制约国民经济发展的主要矛盾，把铁路和钢铁工业作为突破口。通过铁路、钢铁工业的整顿，带动了各行各业的整顿，全国工交生产和国民经济打破了停滞不前的徘徊局面。

（三）透过现象把握复杂棘手难题的本质

牵牛要牵牛鼻子，这道理谁都懂。但事物的本质并非

---

① 《邓小平文选》第2卷，人民出版社1994年版，第11页。
② 中共中央文献研究室编：《回忆邓小平》（上），中央文献出版社1998年版。

像牛鼻子那样，居于牛头的表面。

事物的本质是隐蔽的，是通过现象表现出来的。因此，认识事物的本质，必须透过现象，靠人的理性思维去把握，而不能用简单的直观去认识其本质。

《韩非子·喻老》曾经记载过这样一个故事：春秋的时候，楚庄王准备派兵讨伐陈国，便派使者前去侦察陈国的情况。

使者侦察后回来报告说："陈国是不能讨伐的，因为它城墙高，护城河深，积蓄的财物多。"

大臣宁国听了使者的话，却认为，陈国是可以攻打的。他向楚庄王分析说："陈国，是个小国家，而它积蓄的财物却很多。这表明它的赋税重，老百姓一定对国君怨恨不满了。城墙高，护城河深，则民力肯定疲惫不堪了。此时派兵攻打它，一定能够大获全胜。"庄王接受了宁国的建议，遂夺取了陈国。

派兵攻打其他国家，能否攻打，不能说不是一个复杂的难题。为了破解这道难题，楚庄王派侦察员去打探消息。结果，侦察员报告："其城郭高，沟洫深，蓄积多也"，"不可伐也"。

毛泽东曾经指出："指挥员的正确的部署来源于正确的决心，正确的决心来源于正确的判断，正确的判断来源于周到的和必要的侦察，和对于各种侦察材料的联贯起来的思索。指挥员使用一切可能的和必要的侦察手段，将侦察得来的敌方情况的各种材料加以去粗取精、去伪存真、由此及彼、由表及里的思索，然后将自己方面的情况加上去，研究双方的对比和相互的关系，因而构成判断，定下决心，作出计划，——这是军事家在作出每一个战略、战役或战斗的计划之前的一个整个的认识情况的过程。"①

毛泽东的这段话给楚庄王的故事做了一个精彩的点评。大臣宁国把侦察员获得的各种侦察材料连贯起来进行思索，"将侦察得来的敌方情况的各种材料加以去粗取精、去伪存真、由此及彼、由表及里的思索"，透过现象看到了本质，得出"陈可伐也"的结论。

透过现象把握本质，需要深入理性地思考联想。苹果熟了，会从树上掉下来，这是日常生活常见的现象，这在牛顿之前，似乎没有人在意这种现象。但是，牛顿却由此引发了"苹果为何不飞上天而落到地上"的联想。他对这种现象深入地进行了研究，最终发现了著名的万有引力定律。

牛顿透过苹果落地这一现象，看到它的本质是由万有引力造成的。

---

① 《毛泽东选集》第 1 卷，人民出版社 1991 年版，第 179—180 页。

（四）用简单的方法来解决复杂棘手难题

有人说："复杂的问题，用复杂的解决办法是行不通的；问题愈复杂，解决办法愈要简单。"这就是说，工作者要学会复杂棘手难题用简单的方法来解决。

"大道至简"，若是你认为某项工作是个复杂棘手的难题，破解不了，也许并非是工作本身复杂棘手，只是你没有找到、找对破解的方法。古时候，日行千里很难，那时候靠自己的双腿，有点钱的靠马、靠驴。上天入地则只是在臆想的神话中。现如今，别说日行千里，日行万里也不在话下，因为有了高铁，有了飞机，而且"可上九天揽月，可下五洋捉鳖，谈笑凯歌还"。

复杂棘手难题用简单的方法来解决，就要学会简单思考。简单思考不是幼稚的、不动脑子的思考，而是指以"简单"为核心的思考方式。它反映的是一种思考的深度和高度。

这种思考方式能够把复杂的事情从简单的角度看清楚。"治大国若烹小鲜"，就是一种简单思考。

简单思考是把握客观规律的思考。思考问题由事物的客观规律入手。任何事物都不是孤立地、静止地、零散地存在的。它们之间有着内在的必然的联系。这种联系不断重复出现，即规律性。譬如，时有春夏秋冬，月有阴晴圆缺。把握了客观规律，也就等于把握了问题的本质。

简单思考是整体深入的思考。没有简单，就没有复杂。复杂的事情实质上是由简单的事情组成的。因此，面对复杂棘手的问题，要进行整体深入的思考，看看它是由哪些简单的要素所构成。然后各个击破。当一个个简单的要素被解决掉之后，复杂棘手的难题也就解决了。

"复杂"与"简单"、"棘手"与"容易"是两组相对的哲学概念。认识这两组概念，应该具有辩证思维。复杂棘手问题解决起来未必就困难，简单容易问题解决起来也不一定就容易。

因此，工作者面对复杂棘手难题，要学会从简单入手，不要自找复杂。要做的，应该是用什么样的方法去摆脱复杂。

这种"简单"，并非是把问题简单化，而是揭开问题复杂棘手的外衣，或者由繁入简，或者删繁就简，直刺问题的本质。

国外某家媒体曾经举办过一项有奖征答活动，题目是：在一个充气不足的热气球上，载着三位关系到人类命运的科学家。这三位科学家，一位是环保专家，他的研究可以拯救无数因环境污染而面临死亡厄运的人们；一位是核子专家，他有能力防止全球性的核战争，使地球免于被毁灭的绝境；另一位是粮食专家，他能在不毛之地运用专业知识成功地种植食物，使几千万人脱离因饥饿而亡的命运。

热气球即将坠毁，必须扔出一个人以减轻载重，让另外两个人得以存活，请问该扔下哪一位科学家？

（读者请不要先看下面的答案，你试着给出自己的答案）

问题刊出之后，答案纷至沓来。最后结果揭晓，巨奖得主是一个小男孩。他的答案是：把最胖的那位科学家扔下去。

贝尔纳是法国著名的作家，他一生创作了大量的小说和剧本，在法国影剧史上占有重要的地位。一次，法国一家报纸举行有奖智力竞赛，题目是：如果卢浮宫失火了，情况只允许救出一幅画，你会抢哪一幅？结果，在报社收到的众多答案中，贝尔纳以最佳答案获得奖金。他的答案是：我抢离出口最近的那幅画。

这两道题从表面上看很复杂棘手。但在复杂棘手的表层下，却有着简单容易的本质。

第一个问题的本质就是怎样让其他两位科学家存活。小男孩抓住了问题的本质，因此给出了简单而有效的答案。

第二个问题的本质是救出一幅画。贝尔纳抓住了问题的本质，抢离出口最近的那幅画。

看来，复杂棘手的不是问题，而是看问题的角度。

延伸阅读

修建自己的码头

有位年轻人做梦都想成功。他为此做过种种尝试，但结果都是以失败而告终。他非常苦恼，就跑去问他当船员的父亲。父亲意味深长地对他说："要想有船来，就必须修建自己的码头。"

儿子听了这话，沉思良久，明白了父亲这话的涵义。从此以后，他不再四处尝试，而是静下心来，刻苦读书。终于他成了令人羡慕的博士后。于是，许多公司打电话来，希望能与他合作，而且待遇优厚。

谁都有获得成功的潜质，关键是要能抛弃浮躁，使自己的内心世界安定。与其东奔西跑寻找渡口，不如修建自己的码头。如果工作者能修建一座高质量的码头，船只自然会垂青他。

|第五章|
解决问题的钥匙就在你的手里

　　一般而言，面对问题，尤其是复杂棘手难题，一些工作者总会希望找到一把钥匙，打开这把问题的锁，也就是找到解决问题的答案。其实，这把钥匙不在他人的手上，就在你自己的手里。这里的关键在于你如何认识问题，能否对问题进行深入理解和剖析。

一、主要的困难并不是答案而是问题

　　"主要的困难不是答案，而是问题。"① 这是马克思所言。马克思还指出，"问题是时代的格言，是表现时代自

_____
① 《马克思恩格斯全集》第 1 卷，人民出版社 1995 年版，第 203 页。

己内心状态的最实际的呼声。"①

　　这里引述马克思的两句话，旨在说明，工作者在解决问题的过程中，发现问题，对问题本身的识别和理解比寻找答案更为重要。

（一）发现问题是解决问题的逻辑起点

　　发现问题是解决问题的逻辑起点和解决问题的前提。能够有效地发现问题是工作者的一个非常重要的本领，具有这种本领的工作者能从外界各种信息源中识别出对自己有价值的问题。这种本领不管是对科研工作，还是其他工作乃至日常生活都非常重要。

　　在科研工作中，发现问题向来被认为是科学研究的开端，是使用各种科学方法与措施使问题得以解决的首要一环。

　　在其他工作中，也是如此。工作中发现问题的存在是解决问题的原点。在问题没有被当事人发现之前，当事人不会认识到这个问题是有解决必要的，因此，也就不会采取任何行动。而不采取任何行动就会使问题积累越来越多，从而对工作的顺利开展形成障碍。

---

① 《马克思恩格斯全集》第 1 卷，人民出版社 1995 年版，第 203 页。

即便是在日常生活中，一个人发现问题的本领也直接会影响到他的生活品质。他如果能及时发现问题，并及时有效地解决问题，他的生活质量就会美满而幸福。看不出问题才是最大的问题。

（二）善于自主自动自发地去寻找问题

发现问题既然如此重要，工作者就应该自主自动自发地去寻找问题，而不是被动地坐等问题来找自己。自主自动自发地去寻找问题，面对问题具有主动性；等问题来找自己的时候，面对问题就被动了。

一般而言，问题可以分为两个方面：一是目前实际存在或面临的问题；二是预计在未来可能出现的问题。

寻找目前实际存在或面临的问题。工作者要寻找目前实际存在或面临的问题，需要"跳出自我"，涵养超越常规的思维模式和行为框架。"不识庐山真面目，只缘身在此山中。"

目前实际存在或面临的问题，有的可能是工作者熟视无睹，有的可能是工作者熟知非真知。

不管是"熟视"也好，还是"熟知"也罢，都是因"熟"而在头脑中形成了认知框架，这种认知框架会让工作者视问题而不见，或者因对事物过于熟悉而忽视了存在的潜在问题。

预见在未来可能出现的问题。预见在未来可能出现的问题，并非是自寻麻烦，没事硬给自己找事，没烦恼硬给自己找烦恼，而是未雨绸缪。寻找到未来可能出现的问题，是为了把这未来可能出现的问题消灭在萌芽状态，或者事先准备好对策来解决这些问题。

（三）善于对问题进行深入理解和剖析

深入理解和剖析问题是有效解决问题的关键步骤。工作者深入理解和剖析问题有助于更准确地把握问题的本质，从而为有效解决问题提供强力的支撑。请看波斯猫的故事：

第一次世界大战期间的 1914 年 9 月，在法国巴黎北部的马恩河附近英法联军与德军发生了激烈的战斗。英法联军浴血奋战，德军被迫撤退。尔后，双方开始构筑隐蔽的防御工事，以便再战。

这一天，德军参谋福克基尔用望远镜观察法军阵地。在法军阵地的一个小土包上，他发现一只波斯猫在懒洋洋地晒着太阳。而且，连续几天每到早上八九点钟的时候，这只波斯猫都会准时出现在太阳底下。

有人认为，这就是一只野猫，不值得大惊小怪。但福克基尔却不这样认为，他分析说，野猫怎么会出现在硝烟弥漫的战场？而且波斯猫是名贵的猫，下级军官都玩不起，何况一般战士？再说，上级军官也不会准许他们玩猫。小土包周围也没有居民居住。唯一的解释，就是波斯猫的栖身处可能是一个地下高级指挥所。

福克基尔的分析情报得到德军战地最高指挥部的认同，德军最高长官下令炮兵营轰炸了波斯猫的栖身处，法军的地下高级指挥所被摧毁，德军取得了这次战役的胜利。

德军在这次战役中之所以能取得胜利，完全得益于福克基尔对波斯猫栖身处这个问题的深入剖析，通过现象看到了问题的本质。

▌延伸阅读

"唱筹量沙"之计

檀道济是南朝刘宋名将。南朝宋文帝元嘉七年（公元430年）十一月檀道济被授予督征讨诸军事，奉命率众讨伐北魏。第二年一月，檀道济等自清水（清水即济水，位于今山东西部）赴救滑台（今河南滑县）。北魏将领叔孙建、长孙道生率众截击。

二月底，檀道济率军进至济水（黄河水道）。在二十多天的时间里，与北魏军进行三十余次战斗，多获胜利。不久，檀道济军抵达历城（今山东济南市郊），遭到北魏军队的截击，所带粮秣也被焚烧，因而难以继续前进。

此时，檀道济部下有投降北魏的士兵，将檀道济军缺粮的情况据实告诉了魏军，魏军立即追赶，企图一举歼灭檀道济军。当檀道济率军撤退到邯郸市曲周县境内时，被追击的魏军包围。

檀道济见此情形，便心生一计。他让士兵在夜里称量沙子，并且大声喊唱着称得的分量，然后把剩余不多的米撒在沙土上。

天亮时，魏军望见檀道济军一堆一堆的"粮食"，以为檀道济军并不缺粮，就将投降过来的士兵视为"间谍"而杀掉。

檀道济趁魏军迷惑之际，率领部队从容地离开了军营。魏军怕有埋伏，也没敢追击，檀道济军就这样安全撤回了宋地。

檀道济用"唱筹量沙"之计迷惑了魏军，取

得了胜利。这一计谋也从另一方面告诉人们，对于得到的信息，必须多加分析，要能透过现象看其本质，不要被其表面现象所迷惑。如果魏军的主帅能够做到这一点，檀道济使用"唱筹量沙"之计就没有用武之地了。

二、在动手解决问题前先思考其来源

面对问题，有的工作者往往会立即采取行动，试图迅速把它解决掉。但是，这种做法可能会导致他忽略了问题的根本原因，从而无法从根本上解决问题。因此，工作者在动手解决问题之前，有必要思考问题的来源，并准确地作出判断，这是解决问题的一种高效的策略。如果不能找到问题的根源，问题就会不断发生。

（一）准确判断问题来源

有个寓言故事：一天，动物园的管理员发现袋鼠从笼子里跑了出来。于是，他们便开会讨论原因。

经过讨论，大家一致认为：袋鼠从笼子里跑出来的直接原因，是由于笼子的高度不够。

于是，他们决定把笼子的高度由原来的10公尺加高到20公尺。但是第二天，他们发现袋鼠还是跑到外面来。

他们将高度加高到了30公尺。没想到，他们又看到袋鼠全都跑到了外面。管理员们很紧张，他们准备将笼子的高度加高到100公尺。

正当管理员们紧锣密鼓地准备加高笼子时，长颈鹿来和袋鼠们闲聊。长颈鹿问袋鼠："你们看，这些人会不会再继续加高你们的笼子？"袋鼠说："很难说。如果他们还继续忘记关门的话！"

在这个寓言故事中，管理员虽然也讨论了袋鼠为什么跑到外面来，思考其问题的来源，但由于判断不准确，给出的对策毫无价值。这就像医生治病一样，没有找到真正的病因，治疗就是一句空话。找到根源，才能解决问题。

准确判断问题产生的根源，需要深入调查研究，理性科学分析。吉德林法则告诉我们，把难题清清楚楚地写出来，便已经解决了一半。这一法则，是由美国通用汽车公司管理顾问查尔斯·吉德林提出来的。只有先认清问题，才能很好地解决问题。这种观点在管理学上被称为吉德林法则。

要认清问题，可以运用"5W1H"分析法。"5W1H"分析法，也称为六何分析法，是由美国政治学家拉斯维尔在1932年提出来的，后来经过不断的运用和总结，逐步形成了现在这一套成熟的根本原因分析模式。

What（是什么），确定要面临的问题的本质是什么，具体内容是什么。

Why（为什么），探究问题产生的根源，明确目标和价值所在。

Who（谁），识别解决问题的相关人员，包括负责人、参与者、利益相关者等。

Where（在哪里），指出问题发生的地点，有时也指明在何处获取资源、何处交付成果等。

When（何时），问题发生的具体时间点，以及关键时间节点。

How（怎么做），描述达成目标的具体步骤、方法、策略和手段，包括实施的过程和预期的效果。

"5W1H"分析法，是一种结构化的分析方法，这种分析法能帮助工作者从不同角度分析问题，以便更全面地理解和解决面临的问题。

（二）一眼看透问题本质

工作者在动手解决问题之前，不仅要准确判断问题的来源，还要深刻理解问题的本质。问题的本质是指问题的核心，它涉及问题的深层结构和背景。有看透问题本质是指深入理解和洞察问题的核心，对问题有深入的分析和洞察，才不会被表面现象所蒙蔽。这对于有效地解决问题至关重要。

电影《教父》中有这样一句话："花半秒钟就看透事物本质的人，和花一辈子都看不清事物本质的人，注定是截然不同的命运。"这句话强调的是洞察力和认知能力对个人命运的重大影响。

解决问题也是一样，能一眼看透问题本质的工作者，和根本看不清问题本质的工作者会有着截然不同的职场命运。

工作者面对问题，要能一眼看透问题的本质，需要有洞察力。洞察，是看穿，能深入、清楚地察知事物的本质。看透问题的本质，就能把握规律，就能看穿全局。具有洞察力的工作者，遇到问题，是既能见树木，也能见森林，而不是只见树木，不见森林，或者只见森林，而不见树木。

周恩来总理就有着深邃的洞察力，因此，他在解决问题时，既能见树木，也能见森林，总能抓住问题的本质。

1972年2月21日，美国总统尼克松正式访问中国之前，美国总统国家安全事务副助理黑格率领先遣小组来到中国，为尼克松总统的访问进行技术安排。随行的还有白宫发言人齐格勒等 18 人。

　　熊向晖受周恩来总理委派作中方主谈。因为当时中国还没有通讯卫星，所以，熊向晖按周恩来总理的指示，请美方帮助租用一个通讯卫星。齐格勒估计租金可能需一百万美元，就建议中国政府不要花钱租，而由美国负担费用，中国只在北京、上海、杭州修建地面站就可以了。

　　熊向晖觉得没花钱就办了事，很不错，便向周恩来总理汇报齐格勒的建议。周恩来总理听了汇报之后，对熊向晖说："不要一听一百万美元就想缩头。这不是花多少钱的问题，这是涉及我国主权的问题，不能有丝毫含糊。"接着，周恩来总理叫熊向晖告诉齐格勒：第一，请他负责为中国政府租用一颗通讯卫星，租用期是北京时间 1972 年 2 月 21 日凌晨 1 时至 2 月 28 日 24 时；第二，在租用期间，这颗卫星的所有权属于中国政府，美国方面必须事先向中国政府申请使用权，中国将予同意，中国向使用者收取使用费；第三，租用费和使用费都要合理，不做冤大头。

　　当熊向晖把周恩来总理的意见转达给齐格勒之后，齐格勒非常惊讶。他说："我第一次遇到这样既精明又自重的谈判对手。我完全接受中国政府提出的前两点办法。租用费一定很合理。可以设想，这两项费用之间会划个'等号'。我很佩服周恩来的精明，我更佩服周恩来处处注意维护中华人民共和国尊严的精神。"①

　　别说齐格勒佩服，知道这件事的人又有谁不敬佩呢？周恩来总理深邃的洞察力由此可见。他一眼就能看透问题的本质："这不是花多少钱的问题，这是涉及我国主权的问题，不能有丝毫含糊。"正因为他能看透问题的本质，所以在解决租用通讯卫星这个问题时，既维护了中华人民共和国的尊严，也没有做冤大头。

　　一眼看透事物的本质，是一种重要的认知能力。工作者要提升洞察力，需要践行"见多识广"和"实践出真知"这几个字。

　　见多识广，是见过的多，知道的广，形容阅历深，经验多。一个人如果见的人多，经历的事广，眼界见识也就开阔了，自然许多事情就能看透。

　　实践出真知，洞察力的提升，不仅需要见多识广，更需要在实践中多总结提炼一些带有规律性的东西，抽丝剥茧，深挖本质。

　　宋代文学家苏轼写有《日喻》一文，文中说，有个天生盲人不认识太阳，他问眼睛好的人，太阳是什么样子。有的人告诉他："日头的样子像铜盘。"这个失明的人敲铜

---

①　熊向晖：《于细微处见精神——记周总理对我的几次批评》，中国青年网，2010 年 4 月 21 日。

盘听到了它的声音，一天听到钟声，就把发出声音的钟当作了太阳。有的人告诉他："太阳的光像蜡烛。"失明的人用手摸蜡烛，晓得了它的形状。一天，他摸到了一支形状像蜡烛的乐器龠（yuè），就把它当作了太阳。

苏轼讲完这个故事，议论说，太阳和铜盘、钟、龠的差别太大了，但是天生双目失明的人却不知道它们之间有很大的差别，因为他不曾亲眼看见，而是向他人求得关于太阳的知识。

这个故事生动地说明了实践的重要性。毛泽东在《实践论》中指出："马克思主义者认为，只有人们的社会实践，才是人们对于外界认识的真理性的标准。"① 工作者要想获得真正关乎事物本质和发展规律的认知，必须在实践中掌握，一点都不能离开实践，脱离实践就无法获得真正关乎事物本质和发展规律的认知。

毛泽东在《实践论》中指出："常常听到一些同志在不能勇敢接受工作任务时说出来的一句话：没有把握。为什么没有把握呢？因为他对于这项工作的内容和环境没有规律性的了解，或者他从来就没有接触过这类工作，或者接触得不多，因而无从谈到这类工作的规律性。及至把工

---

① 《毛泽东选集》第1卷，人民出版社1991年版，第284页。

作的情况和环境给以详细分析之后，他就觉得比较地有了把握，愿意去做这项工作。如果这个人在这项工作中经过了一个时期，他有了这项工作的经验了，而他又是一个肯虚心体察情况的人，不是一个主观地、片面地、表面地看问题的人，他就能够自己做出应该怎样进行工作的结论，他的工作勇气也就可以大大地提高了。只有那些主观地、片面地和表面地看问题的人，跑到一个地方，不问环境的情况，不看事情的全体（事情的历史和全部现状），也不触到事情的本质（事情的性质及此一事情和其他事情的内部联系），就自以为是地发号施令起来，这样的人是没有不跌交子的。"①

　　工作者在工作中要想"不跌交子"，就得掌握事情的历史和全部现状，就得把握事情的本质。而要把握事情的本质，实践是必须有的过程。"你要知道梨子的滋味，你就得变革梨子，亲口吃一吃。你要知道原子的组织同性质，你就得实行物理学和化学的实验，变革原子的情况。你要知道革命的理论和方法，你就得参加革命。"②

---

① 《毛泽东选集》第 1 卷，人民出版社 1991 年版，第 289—290 页。
② 《毛泽东选集》第 1 卷，人民出版社 1991 年版，第 287—288 页。

（三）思考还要善于思辨

工作者要准确地对思考的问题作出判断，离不开思辨。思辨，是思考辨析的意思，指用全面的、一分为二的观点对问题进行辨别思考，得出正确的结论。工作者在思考的过程中善于思辨，有助于加深对事物的深刻理解，更好地解决问题。因为思辨不仅能让思考更具有逻辑性、批判性和深刻性，还能有效地避免犯以偏概全的错误。

有家人有三个女婿，一个好问，一个好答，一个好辩。一天，他们三个人凑到了一块儿。好问的问："苹果为什么一面红，一面绿？"好答的答："晒太阳的一面就红，不见太阳的一面就绿。"好辩的听了他们的对话，反问道："西瓜皮终日晒太阳，为什么是绿的？西瓜瓤从来不见太阳，怎么反倒是红的呢？"

很显然，好答的那位女婿就犯了以偏概全的错误，让好辩的一反问，他的论点就被驳倒了。

对于这一问题，鲁迅先生在《内山完造作〈活中国的姿态〉序》中也指出："一个旅行者走进了下野有钱的大官的书斋，看见有许多很贵的砚石，便说中国是'文雅的国度'；一个观察者到上海来一下，买几种猥亵的书和图画，再去寻寻奇怪的观览物事，便说中国是'色情的国度'。"

"旅行者"和"观察者"所见到的事实也许是真实的，但用这一两个个别的事例轻率地抽象出一般性结论，则是"以偏概全"。

工作者要提高思辨能力，需要涵养批判性思维，这是把知识的表象和本质区分开来的能力。批判性思维，不是挑刺，不是鸡蛋里挑骨头，它是遵循逻辑规则，不断反省和质疑，通过自己的独立思考后作出判别的思维方式。

▌延伸阅读

"一江水"与"半江水"

唐朝著名诗人高适曾担任过观察使。一年，浙江东部台州遭了灾，朝廷派高适前往巡察。这天傍晚，高适一行人走到杭州的清风岭上，住在一座寺庙里。此时，正是仲秋季节，清风岭上景色宜人，高适不禁诗兴大发，提笔在寺庙的墙壁上写了一首绝句：

绝岭秋风已自凉，鹤翔松露湿衣裳。

前村月落一江水，僧在翠微闲竹房。

第二天，高适等人继续赶路。然而，当他走

到钱塘江边，一看江水时，愣住了：昨天的一江水，仅剩下半江了。江边的打鱼人告诉他，这江水是月升时随潮而涨，月落时随潮而退。听着渔夫的话，高适的心里很不是滋味。他带着遗憾，离开了杭州，但心里仍记着那"一江水"的事。

转眼间，一个多月过去了。高适完成了在台州的巡察任务返京时，便专程取道清风岭，投宿僧房，将来时写的"一江水"改为"半江水"，这才满意而去。

"一江水"与"半江水"虽然只是一字之差，但却表现了诗人严谨求实的写作态度，有错必改的认真精神。"一江水"与事实不符，是因为观察不细或没能实地观察，想当然；"半江水"符合实际，是因为对江水进行了细致的观察。

三、用你手中钥匙来解决面临的问题

工作者面临的问题，就像是一把锁。能否打开这把锁，取决于工作者手里是否有钥匙。所谓钥匙，就是你掌握的技能和资源。工作者掌握的技能越强，资源越丰富，打开这把锁的概率就越大。工作中面临的问题可能是林林总总，复杂多样，常言道："一把钥匙开一把锁"，这是否意味着工作者需要各种各样的钥匙？当然，如果工作者有着各种各样的钥匙固然好，遇到一个问题，就将这把钥匙拿出来使用。而事实上，这很难做到。但可以配备几把通用的钥匙，来解决面临的问题。

（一）结构化思考

结构化思考，是一种从框架到细节的分析模式。这种分析模式，不先入为主，不立刻陷入细节中，而是先建立一个清晰、有序的思考结构，然后将碎片化的信息组织起来，这就使得那些碎片化的信息从零散化到系统化，从无序到有序，从而有利于快速分析问题、解决问题。结构化思考的步骤如下：

第一，描述问题。描述一个问题，就需要清楚地描述这个问题所处的环境和条件，也就是把问题清清楚楚地写出来。一般而言，工作者面对的问题、尤其是棘手的问题，多是一团相互纠缠、纵横交结的乱麻，而结构化的思考在于帮助工作者找到一个一个的线头，把思路理清。

第二，假设原因。描述问题之后，还需要对问题产生的原因进行假设，然后对可能假设进行合理分类，然后去掉非关键的环节，再分析重点核心部分。

第三，分析目标。明确解决这个问题要达成的核心目标是什么。这一点至关重要。明确了核心目标，在解决问题的过程中，才能紧盯目标。

第四，资源评估。评估解决问题所需的资源，包括人力、财力、物力和时间等内容。

第五，制订方案。根据目标和资源，制订出行动的方案。

结构化思考，是工作者解决问题的第一把钥匙，而且是极为关键的一把钥匙，使用结构化思考的目的是使对问题的思考更完整、更有条理。这种思考方式除了能帮助工作者审视和思考面临的问题之外，还能用结构的方法来分解问题和厘清问题。工作者通过这把钥匙，能够有条不紊、井然有序地去应对任何问题，并去寻找其他的钥匙，而不论自己在解决这个问题时是否有过经验。

工作者面对问题，如果缺乏结构化的思考方法，就会把许多问题混淆在一起，对问题就不能进行清晰的判断，而是一种笼统的感觉，笼统的感觉是无处着力解决问题的，要知道，工作者是无法对一个仅有感觉性质的问题采取具体行动的。

要强调的是，结构化思考的本质是逻辑，而不是对问题进行机械、简单地肢解。

（二）创新性思考

创新性思考，也称为创新思维，是一种打破固有思维方式，以新颖独创的方法来分析和解决问题的思维方式。这种思维方式能够帮助工作者在面对复杂问题时找到新的解决路径。

创新性思考贵在创新。创新，就是抛开旧的，创造新的事物、方法、元素、路径等。它或者体现在思考的过程上，或者体现在形成的结论上，具有与众不同的独到之处。

创新性思考是解决所有问题、尤其是疑难问题的独特钥匙。为什么说是独特钥匙？因为人们在思考问题时，一般都是按照大家都认同的常情、常理、常规的正向思考路径去思考；或者遵循事物的某种客观顺序去想，比如从前到后，从上到下，从近到远，等等。既然是大家都认同的常理，所以遇到某一问题时，大家都会顺着这样的思路想解决的办法。

这样思考问题有时能找到解决问题的方法，并收到令人满意的效果。但是，在实践中，面对复杂棘手难题，要是利用一般的思考路径去寻找破解的方法时，却难能找到正确的答案，或会失之偏颇。

如果工作者不满足于只是重复别人的思路，不满足于停留在别人的认知水平上，而要有所突破，有所创造，有所发展，工作者就应该跳出常规，打破常理，运用非常规的思路去思考，走别人没有走过的路。这样想出来的办法，就可能是有新意的办法，从而破解难题。

当年，英国的国家图书馆建了一栋新楼，准备搬迁。可是那个规模庞大的旧图书馆里，书又多又重，有人估测整个"搬家"工程，大约需要 350 万英镑。

馆长一听发了愁，这么一大笔钱，去哪里找呢？有一位年轻人对馆长说："我来帮你搬，你只需支付 150 万英镑给我就行。"

馆长同意了。随后，这位年轻人在报纸上刊登了一条消息："即日起，市民可以免费借阅图书，条件是还书的时候要去新图书馆还。"

市民们看到消息，纷纷前来借书，仅仅两个月左右的时间，图书馆的书就借还得差不多了。

馆长"有偿搬书"是常规的思维方式，而年轻人打破了这个常规，代之以"免费借书"的思维方式，在为图书馆节省了开支的同时，也为自己大赚了一笔。

（三）辩证式思考

辩证式思考，就是辩证思维。它是一种以变化发展的视角认识客观事物的思维方式。工作者坚持这种思维，才能以动态发展的眼光来观察问题、分析问题和解决问题，坚持"两点论"，避免"一点论"。工作者有了"辩证思维"，就不可能遇事"一根筋""走极端"，而能够客观地科学地处理矛盾：既看到正方，也看到反方，不偏废，不偏激，不绝对化。

在解决问题的过程中，辩证思维具有重要的价值。工作者在工作中遇到难题，陷入僵局时，辩证思维会成为打破僵局的有力武器。

有位老太太生了两个女儿。大女儿嫁给伞店老板，小女儿当上了洗衣店的女主管。于是，老太太整天忧心忡忡。逢上雨天，她担心洗衣店的衣服凉不干；逢上晴天，她又怕伞店的雨伞卖不出去。因此，她天天为女儿担忧，日子过得很忧郁。

后来，有位聪明人对她说："老太太，您真是好福气！下雨天，您大女儿家生意兴隆；大晴天，您小女儿家顾客盈门；哪天您都有好消息啊！"老太太一听，咧开嘴笑了。

"聪明人"的确聪明，他深知老太太的心思，巧妙地用辩证式思考调整了老太太的思维方式，使她走出了阴影，解决了老太太的难题。

（四）系统性思考

系统性思考，就是系统思维，也可以称之为"整体观"和"全局观"。它是对事物进行全局或整体思考的一种思维方式，"既见树木，又见森林"。

工作者有了这种思维方式，才能善于从系统上把握事物的性质和运动规律；从事物的系统效应中分析事物，从而找到解决问题的方法。而不是只见树木，不见森林；只重视局部，而忽视整体。

人们思考问题，如果抓不住整体的联系，就会纠缠在一个接着一个的矛盾之中。

系统思考，要求工作者在面对需要解决的问题、尤其是棘手难题时，要从整体上去分析，发现个别事物与其他事物之间的联系，从而使复杂棘手的问题简单化。问题简单化了，就很容易解决了。沈括所著的《梦溪笔谈·权智》篇中记载的一段历史故事，就是系统思考解决复杂棘手难题的经典案例。

宋大中祥符年间（公元1008—1016年），皇宫因为发生火灾而被毁。皇上命令大臣丁谓（公元926—1033年）来主持皇宫的重建事宜。

重建皇宫，需要沙土，外地的石料、木材等也需要运送到工地，被烧坏的皇宫瓦砾也需要处理。

怎样解决这三大难题？丁谓命令工匠们从皇宫前的大街上挖沟取沙土。没用几天的时间，大街上的道路被挖成了大沟。丁谓又让人把汴河水引入大沟。随后，重建皇宫需要的石料、木材等从各地源源不断地通过这一沟渠运到了皇宫门口。皇宫修复后，丁谓又让工匠们把废弃的瓦砾填进沟里，重新修成了街道。

沈括对这件事情评论说："一举而三役济，省费以亿万计。"丁谓用系统思维做了一件事情而完成了三项任务，节省的费用数以万计。

系统思维要求工作者面对需要解决的问题时，把思考问题的方向对准全局和整体，从全局和整体出发来思考问题。如果不能进行系统性思考，则需要解决的问题都将受到不利的影响。

延伸阅读

习得性无助

"习得性无助"，是美国心理学家塞利格曼在1967年通过狗的实验提出来的。最初，实验者把狗关在一个笼子里，只要蜂音器一响，就给狗施加难以忍受的电击。狗关在笼子里逃避不了电击，就在笼子里狂奔，惊恐哀鸣。多次实验后，蜂音器再响，狗就趴在地上，只是惊恐哀鸣，但不狂奔。后来，实验者在蜂音器响起，给狗电击前，就把笼门打开了，但狗不仅不逃，而且电击还没有出现，就倒在地上呻吟和颤抖。狗本来可以主动地破门逃避，但它却绝望地等待痛苦的来临，这就是习得性无助。

动物园里，一头名叫乔治的大象，被一根小铁链拴在一根小小的水泥柱子上。它摇头摆尾，神态安闲地享用着动物园管理人员给它提供的食物，而从来没有想挣脱铁链冲出动物园。

是乔治没有挣脱小铁链的力量吗？不是。以它的体力，别说是一条小小的铁链，就是那根水泥柱，它只要一用力，也会如鲁智深倒拔垂杨柳一般，不费吹灰之力连根拔起。

那它为什么不去挣脱小铁链呢？原来，在乔治小时候，动物园管理人员在它的腿上拴了一条细铁链，另一头系在水泥柱上。小象乔治对这根铁链很不习惯，它用力去挣，挣不脱，无奈的它只好在铁链范围内活动。

　　过了几天，小象乔治又试着想挣脱铁链，可是它还是没有成功，它只好闷闷不乐地老实了下来。

　　一次又一次，小象乔治总也挣不脱这根铁链。慢慢地，它不再去试了。

　　后来，小象乔治长成了大象乔治，它的力量也足以挣脱铁链，但由于多次失败的经验已经深深地植入它的记忆之中了，它认为自己是没有能力挣脱那根铁链的。于是，它就围着水泥柱度过了它的一生。小象乔治也因为习得性无助而使自己失去了自由活动的空间。

　　所谓"习得性无助"，是指因为重复的失败或惩罚而造成的听任摆布的行为。在对人类的观察实验中，心理学家也得到了与习得性无助类似的结果。如果一个人总是在一项工作上失败，他就会在这项工作上放弃努力。甚至还会因此对自身产生怀疑，觉得自己"这也不行，那也不行"，无可救药。事实上，他并不是"真不行"，而是陷入了"习得性无助"的心理状态中，这种心理让他自设樊篱，把失败的原因归结为自身不可改变的因素，做自己的"差评师"，消极归因，放弃继续尝试的勇气和信心。

"习得性无助",是工作者有效解决问题的大敌。工作者要有效地解决工作中遇到的问题,特别是难以解决的问题,必须挣脱"习得性无助"的锁链。

四、用有效的思路来解决面临的问题

有个段子,说唐僧师徒四人一起去西天取经,沙僧一路上照顾大家的饮食起居。

这一天,他整理孙悟空的裤子,发现有个洞,然后他就给缝了起来;第二天他发现又有个洞,于是,他又给补了起来;第三天依旧还是有个洞,正当他拿起针线时,孙悟空过来,一脚踹飞了他,并生气地说:"你把洞缝上,我尾巴搁哪儿?搁哪儿?搁哪儿?"

这个段子说明,解决问题不能只低头拉车,不抬头看路。否则,力气没少下,效益却不一定好,甚至没有效益。

对于已经存在并发现的问题,工作者如何着手解决,需要有个大致的思路,否则,老虎吃天无从下口,也会影响解决问题的效率和效益。虽然不同的问题需要用不同的方法来解决，但一般情况而言，解决问题还是有一定思路的。

（一）界定问题

界定问题，就是要查明问题的性质、程度、范围等。确定它是现实问题，还是发展中的问题；是全局问题，还是局部问题；是能够解决的，还是暂时无法解决的问题；是自己职责范围内该管的问题，还是一亩三分地之外的问题；等等。

界定问题的过程有助于深入揭示问题的本质和核心，从而更准确地把握问题的关键所在，并能为后续的问题分析和解决提供明确的思路和方向，还因为明确了问题的具体范围和边界，这能有效地避免在解决问题时将问题扩大化或越位侵权。

汉文帝时，陈平任左丞相。据《史记·三十世家·陈丞相世家》记载，一次，汉文帝问他："全国一年钱粮收入和支出多少？"陈平回答说："这可责成治粟内史回答。"文帝又问他："全国一年判决多少案件？"陈平回答说："可责成廷尉回答。"文帝有些不满，说："既然每项事都有主管人，那么你所主管的事是什么呢？"陈平回答说："宰相者，上佐天子理阴阳，顺四时，下育万物之宜，外镇抚四夷诸侯，内亲附百姓，使卿大夫各得任其职焉。"这段话的意思是说，宰相的职责，是协助天子遵循自然规律，顺应四季变化来治理国家，关注民生，促进万物生长，确保社会秩序和谐；对外负责维护边疆安全，安抚周边国家，确保内部稳定，赢得民心。

听了陈平的这番话，汉文帝转不满为高兴，称赞陈平答得好。国家分设各种机构，任命各级官员，除了为了有组织有系统管理国家外，就是为着各司其职，各负其责。作为身居某一职位的官员，如果不能明其职能，晓其责任，充其量也不过是庸才做糊涂官。

汉宣帝时，丙吉任丞相。据《汉书·丙吉传》记载，丙吉在出行的时候，碰上清道民夫成群斗殴，路上有死有伤，丙吉却不闻不问，随行官员很奇怪。丙吉继续前行，碰到有人追赶一头牛，牛气喘吁吁热得吐出了舌头。丙吉停下车，叫骑马的小吏去问："追赶这牛跑了几里路？"随行官员说，丞相应当过问的事不过问，不该管的却管了，有人以此讥笑丙吉。丙吉说："百姓斗殴杀伤，是长安令、京兆尹职务范围内所要禁止、防备并追捕的，每年年终由丞相考察他们的业绩，上报皇帝再行赏罚罢了。宰相不必亲自办理小事情，不应当过问路上打架斗殴的事情。而现在是初春，不应当很热，如果牛没走多远就气喘吁吁，说明时令失常，这可能会对农事有妨害，而丞相职务是总揽全局调和阴阳，这事是我职务范围内的事，所以过问。"随从官员心服口服，认为丙吉识大体顾全局。

这两件事情都是发生在西汉年间。史家将这两个故事记载流传显然是在传递一种职责分明的价值取向。这种职责分明的观点受到后世很多人的推崇。比如，明朝主持纂修《永乐大典》的解缙就认为：汉朝好宰相，以前数萧何、曹参，以后，只数魏相、丙吉。

当然，也有人不认同丙吉的做法。明朝的剧作家、学者冯梦龙认为，若丙吉不问道旁死人而问牛喘，未免失之迂腐。冯梦龙在他写的《古今谭概》中直接将丙吉列入迂腐部。他在文中评价说："死伤横道，反不干阴阳之和，而专讨畜生口气，迂腐莫甚于此。"

尽管对丙吉问牛的事有不同的看法，但丙吉关注大局和长远利益，而不是被琐碎的事情所干扰，同时，他善于发现潜在的问题和风险，并及时采取措施加以应对，这种做法还是值得工作者思考的。

（二）分析问题

分析问题，就是要找出问题产生的原因，是主观原因还是客观原因，是直接原因还是间接原因；并分析问题的存在会带来何种后果。

分析问题，可以运用"5W1H"分析法。这种方法前文已有叙述，这里就不再重复。除了运用"5W1H"分析法，还可以采用鱼骨图分析法。鱼骨图是由日本管理大师石川馨先生发明出来的，所以又称"石川图"。

鱼骨图是一种发现问题"根本原因"的方法，它是一种透过现象看本质的分析方法。它能以图形化的方式将问题呈现出来；可以帮助工作者更好地明确要解决的主要问题；可以帮助工作者更好地分析一个问题的所有可能成因，并找到问题之间的关联性。

鱼骨图的基本原理是针对一个问题（鱼头），列出产生问题的大要因（鱼骨主干），从大要因继续深入挖掘，列出每个大要因产生的中要因，中要因再继续挖掘小要因，如此一层层挖掘分析下去，直到找出可以解决问题的方法或者行动的步骤为止。

绘制鱼骨图，可以使用专业鱼骨图绘制软件，借助软件可以快速生成高质量的鱼骨图。这类软件通常提供丰富的模板和图形，工作者只需要简单修改即可完成鱼骨图的绘制。

在鱼骨图中，通常分为大骨、中骨和小骨，每一层都代表了问题的不同层次的原因。大骨，也称为主要因素；

中骨，也称为次要因素；小骨，也称为具体原因或细节因素。工作者如果手工绘制鱼骨图，可以这样操作：

1.画上鱼头及主骨。将要解决的问题写在鱼头之上。比如，为什么落实不力？主骨是鱼骨图中的核心线条，通常是一条直线，用于表示问题的主要类别或方向。主骨，代表问题或结果的主干。

2.画出大骨，填写大要因。大骨与主骨成60度夹角，表示原因的类别，是第一层原因。在绘制鱼骨图时，大骨的数量和内容可以根据具体问题进行调整。一般画四条或六条大骨，填写大要因。比如，落实不力的原因是：工作者缺乏强烈的落实意识；组织内缺乏有效的落实机制；理解认识偏差落实变形走样；工作者缺乏落实的有效方法。

3.画出中骨，填写中要因。中骨与主骨平行，表示某个原因类别中的第二层原因。这种平行关系有助于清晰地展示问题的不同层面和子类。比如，大骨列出落实不力的原因之一是"理解认识偏差落实变形走样"，其第二层原因是：落实主体理解力差；落实主体不善思考；落实主体品行不端；等等。这是中要因。

4.画出小骨，填写小要因。小骨与中骨呈60度角并分布在中骨两侧且向后倾斜，表示第三层原因。比如，中骨列出"落实主体不善思考"为第二层原因，落实主体不善思考的原因是惰性思维，等等。这是小要因。

这种结构安排有助于清晰地展示问题及其多层次原因之间的关系，便于分析和解决问题。工作者通过大骨、中骨和小骨的层层分解，能够系统地分析问题，识别出问题的根本原因，从而制定出有效的改进措施。这种结构化的分析方法使得鱼骨图成为了一种非常有用的工具，广泛应用于质量管理、问题解决和持续改进等领域。

（三）制定对策

制定解决问题的对策，可以分为临时性对策和根本性对策。

临时性对策，是指在短期内可以迅速实施的方法和手段，其目的在于马上缓解问题。临时性对策是应急性的，主要用于应对突发事件或紧急状态，以防止问题进一步恶化。

根本性对策，一般需要长时间的规划和实施。其目的在于从根本上解决问题，避免问题重复发生。它不仅要治标，更要治本。

不管是临时对策，还是根本对策，在解决问题时，都不是孤立实施的，往往需要有机结合使用，这样才能达到标本同治的效果。

工作者在制定对策的时候，一定要集思广益，广泛征求意见，群策群力。工作者一定不要怕别人提建议。事实上，提的建议越多，选择的余地就越大，方法措施就会更可行。

（四）做出计划

"事前定，则不困"。这句话出自《礼记》，意思是说，事前谋划好了，干起来就不会感到棘手。

有人请教巴顿将军："你为什么能打胜仗？"他说是因为打仗前先有一个计划。那人又问他："你为什么每次都能打胜仗？"他接下来说：因为我每次有一个好的计划。人家就请教他还有什么秘诀，他就说：我有一个周密完善的计划。

巴顿将军此言的确不虚。将军要想打胜仗，必须具有周密完善的作战计划。工作者要解决问题，也需要有周密完善的工作计划，做出预想性部署和安排，并见之于文字，以保证工作的顺利有序进行，并为将来的工作检查和总结提供重要的依据。

在现代社会化大生产的条件下，生产技术复杂、劳动分工细密，部门之间、生产环节之间的协作十分紧密。如果没有周密的计划，彼此之间就不能相互协调，团队中的各项活动也就不能有条不紊地进行。所以古人云："凡事预则立，不预则废。"

因此，无论是单位，还是个人，解决问题，尤其是解决复杂问题，必须有周密而切实可行的计划。只有预先做好了安排，有了打算，才能合理地安排人力、财力、物力和时间，使工作、活动有条不紊地进行，高效率地把问题解决好；否则，就容易遭致失败。

▌延伸阅读

"头痛委员会"

在某中学的一个毕业班，同学们学习非常用功，时间也抓得很紧，甚至课间休息也舍不得"浪费"。时间一长，有许多同学因用脑过度，患了头痛病。这些同学自己戏称为"头痛委员会"。

教数学出身的章校长发现这一问题之后，便把"头痛委员会"的全体成员召集到了一起，给他们出了两道数学题叫他们计算。同学们一看这两道题都愣了：

8-1 ＞ 8；3-1=0

"这是什么数学题呀?""头痛委员会"的成员"头疼"了。

这时,章校长笑着对大家说:"这是一道'思想应用题',单靠数学知识是解答不出来的。"

说到这,章校长顿了顿,看了看吃惊的同学们,又接着说:"大家知道,我们每天上七节课,每节课之间休息 10 分钟,这 10 分钟的安排是有科学根据的。心理学研究证明,一个人学习一段时间后,适当地调节一下,能记住所学内容的56%;如果不停地学习,只能记住 26%。利用10 分钟做做操,散散步,玩玩球,可以使脑子得到休息,能更清醒地迎接下一堂课的学习。这样,虽然休息占去了 1 小时,但换来了 7 个小时学习的高效率,比 8 个小时不休息还要强,你们说 8-1 是不是大于 8 呀?"

同学们会心地笑了,就听章校长又说:"我们的教育方针是德、智、体全面发展,三者缺一不可。如果我们不锻炼身体,把身体搞垮了,整天头痛,即使你德智全优,也不能发挥作用,这不等于白学了吗?所以我说 3-1=0,你们说是不是这个理呀?"

"是!"同学们异口同声地答道。

自那以后,同学们上课专心学习,下课便欢快地走出了教室。不久,"头痛委员会"便解散了。

章校长讲的道理并不新颖,说是老生常谈也不过分。但这个老道理经他那两道奇怪的公式一"包装",竟获得了新的生命。它引发了学生们的兴趣,让学生们产生了好奇心,从而调动起了学生接受信息的积极性和主动性。

| 第六章 |
成为解决问题高手的底层逻辑

所谓底层逻辑，是指基本的、基础的逻辑，它涉及到事物的本质特征和基本规律。万丈高楼平地起。底层逻辑就是那万丈高楼的地基。世界上一切事物在运行的过程中，都有其固有的规律，也就是元规律，找到了这个元规律，就找到了事物发展的方向。换句话说，就是从事物的底层、本质出发，来寻找解决问题的路径。之所以要谈底层逻辑，其实就是要寻找工作中各种问题蕴含的不会改变的因素。这常常是解决问题的突破口，当工作者掌握了它之后，就会举一反三，取得事半功倍的效果。

工作者要想成为解决问题的高手，也需要掌握底层逻辑。掌握了底层逻辑，也就掌握了人生努力的方向。掌握了人生努力的方向，才不会白努力。解决问题的高手，都是掌握底层逻辑的人。

一、解决问题比方法更重要的是立场

解决问题，不单纯是技术方法上的问题，它有一个比技术方法更重要的底层逻辑，这就是立场问题。立场，一般是指认识和处理问题时所处的位置和所秉持的态度。立场决定观点，观点决定方法。认识问题、分析问题、解决问题，立场错了，一切就都错了。比如，同样一本书，立场不同，就有着不同的读书结果。一部《红楼梦》，道学家见到淫，才子佳人见到爱，革命者见到反清复明的奇书，毛泽东见到了一部二千年中国封建史的大百科。

（一）立场是解决问题的立足点

有一句网络流行语，叫"屁股决定脑袋"，意思是，位置决定思想、观点。一个人坐在什么位置，站在什么立场上，往往会决定他看待问题的角度、解决问题的思路，最终决定了解决问题的结果。

曹雪芹在《红楼梦》第四回《薄命女偏逢薄命郎　葫芦僧乱判葫芦案》中讲到：贾雨村在林黛玉的舅舅贾政的帮助下补授了应天府，也就是被授予应天府尹这一官职。

他一上任，就面对一件人命官司，乃是两户人家争买一婢，各不相让，以至殴伤人命。主犯把另一方冯渊打死，扬长而去。贾雨村听了大怒道："岂有这样放屁的事，打死人命就白白的走了，再拿不来的！"他马上发签差公人立刻将凶犯族中人拿来拷问，令他们实供藏在何处，一面再动海捕文书。

贾雨村正要发签海捕文书时，只见案边立的一个门子使眼色，意思是不让他发签。

贾雨村心下甚为疑怪，只得停了手，即时退堂，至密室，侍从皆退去，只留门子服侍。贾雨村问这个门子，何故有不令发签之意。这门子道："老爷既荣任到这一省，难道就没抄一张本省'护官符'来不成？"贾雨村忙问："何为'护官符'？我竟不知。"门子道："这还了得！连这个不知，怎能作得长远！如今凡作地方官者，皆有一个私单，上面写的是本省最有权有势，极富极贵的大乡绅名姓，各省皆然，倘若不知，一时触犯了这样的人家，不但官爵，只怕连性命还保不成呢！所以绰号叫作'护官符'。"

门子一面说，一面从顺袋中取出一张抄写的"护官符"来，递与贾雨村，看时，上面皆是本地大族名宦之家的谚俗口碑：

　　贾不假，白玉为堂金作马。

阿房宫，三百里，住不下金陵一个史。

东海缺少白玉床，龙王来请金陵王。

丰年好大雪，珍珠如土金如铁。

门子告诉贾雨村，这案子的主犯就是"丰年好大雪（薛）"的薛家公子薛蟠，薛蟠的母亲薛姨妈与贾政的妻子王夫人是亲姐妹，并告诫贾雨村："一时触犯了这样人家，不但官爵不保，只怕连性命还保不成呢！"

门子还说："这四家皆连络有亲，一损皆损，一荣皆荣，扶持遮饰，俱有照应的。今告打死人之薛，就系丰年大雪之'雪'也。也不单靠这三家，他的世交亲友在外者，本亦不少。老爷如今拿谁去？"

故事中的贾雨村，初上任时，屁股还是坐在正义一边，准备秉公执法，捉拿杀人犯；但见到"护官符"，听了门子的话，权衡自身的利弊得失，屁股就坐到了案子的主犯薛家公子薛蟠一边，也就是坐到了权贵一方。屁股指挥了脑袋，结果"便徇情枉法，胡乱判断了此案"，让薛家给了冯家一些银两，这桩杀人案就草草了结了。

（二）站在人民立场上解决问题

立场的本质是为谁来解决问题，为什么来解决问题。工作者必须始终站在人民群众的立场上考虑问题，想方设法为人民解决好问题。

《宋史》卷三百三十七《范镇传》中有这样一句话："事当论其是非，不当问其难易。"意思是说，做事情应当先看它是正确的还是错误的，不应当先看它是困难的还是容易的。

工作者解决问题时，首先要看自己的立场是否正确，是否站在人民的立场上来考虑问题、解决问题。

工作者站在人民群众的立场上考虑问题、解决问题，做事情就合乎民情，顺民所愿。顺民所愿，是春秋时期著名政治家管仲所极力推崇的。管仲曾经辅佐齐桓公成为春秋五霸中的第一个霸主。

管仲认为，领导者做事情要"合于民情"(《管子·形势解》)。做老百姓喜欢做的事情，满足老百姓的正当欲望。

老百姓厌恶忧愁劳累，领导者就要让他们安逸快乐；老百姓厌恶贫穷卑贱，领导者就要让他们富裕尊贵；老百姓厌恶危险，领导者就要让他们安全生存；老百姓厌恶断子绝孙，领导者就要让他们生儿育女。(原文："民恶忧劳，我逸乐之；民恶贫贱，我富贵之；民恶危坠，我存安之；民恶灭绝，我生育之。"《管子·牧民》)

管仲还认为，满足了老百姓的正当欲望，老百姓就能听信领导者的；老百姓听信领导者，领导方略才能很好地实施。（原文："民必得其所欲，然后听上；听上，然后政可善为也。"《管子·五辅》）

全心全意为人民服务是我们党的根本宗旨。1945 年 4 月 24 日，毛泽东在中国共产党第七次全国代表大会上的政治报告中指出："我们共产党人区别于其他任何政党的又一个显著的标志，就是和最广大的人民群众取得最密切的联系。全心全意地为人民服务，一刻也不脱离群众；一切从人民的利益出发，而不是从个人或小集团的利益出发；向人民负责和向党的领导机关负责的一致性；这些就是我们的出发点。"[1]1956 年 11 月，邓小平同志强调："中国共产党员的含意或任务，如果用概括的语言来说，只有两句话：全心全意为人民服务，一切以人民利益作为每一个党员的最高准绳。"[2]

党的根本宗旨决定着工作者必须为人民解决问题，一切以人民为重。请看孙毅将军是怎样做的：

孙毅，1904 年出生在河北省廊坊市大城县。1933 年，他加入中国共产党，参加过土地革命战争、抗日战争和解放战争。

---

① 《毛泽东选集》第 3 卷，人民出版社 1991 年版，第 1094—1095 页。
② 《邓小平文选》第 1 卷，人民出版社 1994 年版，第 257 页。

中华人民共和国成立后，孙毅任中国人民解放军第二高级步兵学校校长、华北军区副参谋长、中央军委军校部副部长、中国人民解放军训练总监部外训部副部长、军委出版部部长、总参谋部军训部副部长等职务。1955年他被授予中将军衔。

按孙毅将军的职务级别，他的工资收入可以说并不会太少，但他每个月不仅没有节余，有时到月底还得卖旧报纸，以补贴工资之不足。

原来，孙毅将军每个月除了交给夫人固定的伙食费外，其余的钱都用来给青少年购买、邮寄书刊了。这种活动孙毅将军整整坚持了二十多年，花费的钱数以万计。有人问他："你这样做究竟图个啥？"他回答说："啥也不图，就是图青少年能成为对国家有用的人。"

孙毅将军功勋卓著，但他从来不以功臣自居，而是甘当人民的公仆，自觉地把群众置于自己之上，全心全意为人民服务。

1976年唐山发生大地震时，北京也受到了波及。此时的孙毅将军最先想到的，不是自身、自家的安全，而是群众的安危。他把家人召集到一起，对他们说："咱们家人少院子大，怎么都好办。可周围的群众房子挨着房子，楼挨着楼，一有震情，他们往哪里躲呀！我想，一旦有震情，就把咱们家的大门打开，让群众进来躲避。"

听了他的话，一个孩子担心地问："那安全保卫怎么办？"孙毅将军见儿子有想法，很生气，大声地说："这用不着你操心，我从参加革命的那天起，就准备为人民掉脑袋！"

中国人民解放军原总政治部主任余秋里在知道了孙毅将军的事迹后，评价说："如果我们全军有一百个孙胡子，全国有一千个孙胡子，那我们就了不起啦！"

2021年6月29日，习近平总书记在庆祝中国共产党成立100周年"七一勋章"颁授仪式上的讲话中强调："江山就是人民，人民就是江山。全党同志都要坚持人民立场、人民至上，坚持不懈为群众办实事做好事，始终保持同人民群众的血肉联系。"工作者必须牢记习近平总书记提出的要求，像孙毅将军那样，始终站在人民的立场上，坚持不懈为群众办实事做好事，为人民群众排忧解难。

（三）始终为人民群众谋取利益

为人民谋利益是我们党一切工作的根本出发点和落脚点，是我们党制定理论、路线、方针和政策的根本依据。因此，工作者要站在人民的立场上为人民解决问题，心中就要有群众，做群众的贴心人，就要树立人民利益高于一切的思想，为人民利益和幸福而努力工作。

有一位信访干部曾经讲过如何做好信访接待工作。他说，要想做好信访工作，就一定不能把上访群众看成是麻烦，甚至看成是对立面，而是要让上访群众感到信访干部和自己是站在一起的，是帮助自己争取正当权益的。这样一来，干群的对立情绪多数情况下就能够化解。

同样的信访接待工作，所站的立场不同，对待群众的态度就截然不同，做法和效果也就大不一样。

习近平总书记在党的十九大报告中指出："人民是历史的创造者，是决定党和国家前途命运的根本力量。必须坚持人民主体地位，坚持立党为公、执政为民，践行全心全意为人民服务的根本宗旨，把党的群众路线贯彻到治国理政全部活动之中，把人民对美好生活的向往作为奋斗目标，依靠人民创造历史伟业。"①

把人民对美好生活的向往作为奋斗目标，要求工作者始终为人民利益和幸福而努力工作。为人民利益和幸福而努力工作，就要着力解决群众的操心事、烦心事，为民谋

---

① 习近平：《决胜全面建成小康社会　夺取新时代中国特色社会主义伟大胜利——在中国共产党第十九次全国代表大会上的报告》，人民出版社 2017 年版，第 21 页。

利、为民尽责。

当年毛泽东也告诉全党:"我们应该深刻地注意群众生活的问题,从土地、劳动问题,到柴米油盐问题。妇女群众要学习犁耙,找什么人去教她们呢?小孩子要求读书,小学办起了没有呢?对面的木桥太小会跌倒行人,要不要修理一下呢?许多人生疮害病,想个什么办法呢?一切这些群众生活上的问题,都应该把它提到自己的议事日程上。应该讨论,应该决定,应该实行,应该检查。要使广大群众认识我们是代表他们的利益的,是和他们呼吸相通的。"①

工作者要为人民群众谋利益,就得关心群众的生活,关心群众的痛痒,"解决群众的生产和生活的问题,盐的问题,米的问题,房子的问题,衣的问题,生小孩子的问题,解决群众的一切问题。"② 我们这样做了,"广大群众就必定拥护我们,把革命当作他们的生命,把革命当作他们无上光荣的旗帜。"③

---

① 《毛泽东选集》第 1 卷,人民出版社 1991 年版,第 138 页。
② 《毛泽东选集》第 1 卷,人民出版社 1991 年版,第 138—139 页。
③ 《毛泽东选集》第 1 卷,人民出版社 1991 年版,第 139 页。

┃ 延伸阅读

刘少奇常讲的神话故事

希腊神话中有一个巨人叫安泰。他是大地女神盖亚和海神波塞冬的儿子，居住于利比亚。

安泰力大无穷，而且只要他与大地保持着密切接触，他就是不可战胜的。赫拉克勒斯发现了这个秘密，就把安泰举到空中，让他无法从大地盖亚那里获取力量，最后把他给扼死了。

刘少奇多次借用古希腊神话中安泰的故事来告诫党员干部不要脱离人民群众。

1942年4月，刘少奇针对当时一些地方党的工作中存在的群众观念薄弱问题，给干部作演讲时谈到了这个问题。他说："我们脱离了母亲——群众，就会同安泰一样，随时可能被人扼死。"

1948年10月2日，刘少奇在对华北记者团的谈话中，又一次谈到安泰的故事，他说："我们党必须和广大群众保持密切的联系，如果和群众联系不好，就要发生危险，就会象安泰一样被人扼死。共产党也会被人扼死的哩！党什么也不怕，就怕这一项。美帝国主义，我们是从来不怕的，原子弹，我们也是不怕的。……但是，我们就是怕脱离群众。"①

总之，"人民是我们党的力量源泉，我们党根基在人民、血脉在人民。"②

二、学习是做好工作的一个必不可少的条件

工作者要想成为解决问题的高手，第二大底层逻辑就是学习。一个人可以从学校毕业，但他的学习永远不应该毕业。学习是进步的基础，没有一个人不善学习而能进步的。陈云当年就强调："学习是做好工作的一个条件，而且是一个必不可少的条件。"③学习是工作者的本领，而且是一种真正的看家本领。因为其他所有的一切，如理论、智慧、经验、能力等等，都是源于学习。因此，党的十九大报告把"增强学习本领"列为全党要增强的八

---

① 《刘少奇选集》上卷，人民出版社 1981 年版，第 397 页。
② 《习近平在中央党校（国家行政学院）中青年干部培训班开班式上发表重要讲话强调 立志做党光荣传统和优良作风的忠实传人 在新时代新征程中奋勇争先建功立业》，《人民日报》2021 年 3 月 2 日。
③ 《陈云文选》第 1 卷，人民出版社 1995 年版，第 188 页。

大本领之首。

（一）拓宽解决问题视野的重要方法

解决问题需要有宽阔的视野。视野，是一个既包含视力所及的物理空间范围，又包含思想或知识的抽象领域的概念。它关乎着工作者对外部世界的认知，也关乎着工作者对内在世界的理解和探索。因此，工作者要解决问题，必须拓宽视野。否则，就会一叶障目，不见泰山；只见树木，不见森林。视野宽广者其成就必大，视野狭窄者其作为必小。这说的是视野与成就大小的关系。

拓宽政治视野，从政治视角分析解决问题。所谓政治视野，就是从政治的视角观察和分析经济社会问题的广度、高度和深度。

政治视野宽阔的人，胸有万千丘壑，志有鸿鹄翔翔。他们能敏锐地洞悉现象，能深邃地思考问题；在重大问题和关键环节上头脑特别清醒。而政治视野狭窄的人，心中只有自己的一亩三分地，想到的只是自身利益的得失。他们在大是大非面前辨不清是非，在复杂的政治环境中辨不清方向，往往局限于眼前的苟且，满足于当下的享乐，陶醉于一时的成就，在大关节处分不清利害。

拓宽历史视野，以史为鉴解决现实中的难题。毛泽东曾经指出："指导一个伟大的革命运动的政党，如果没有革命理论，没有历史知识，没有对于实际运动的深刻的了解，要取得胜利是不可能的。"① 历史是最好的教科书。"度之往事，验之来事，参之平素，可则决之。"这句话出自春秋时期《鬼谷子·决篇》，这是部讨论决策的著作。意思是，用过去的经验作参照，对未来的趋势加以判断，并参考平常发生的事，经过这些过程，如果没有发现问题，就可以决断了。

翻开历史，我们可以清楚地看到，凡是有作为的执政者，无不善于总结、借鉴历史经验教训。而关于总结和借鉴历史经验教训，先哲们有许多精辟的见解、深刻的论述流传于世。

春秋时期著名的政治家、军事家管仲曰："疑今者察之古，不知来者视之往。"（《管子·形势》）管仲认为，考察历史，既可以解决今天的难题，又能了解未来的发展。管仲曾以卓越的谋略辅佐齐桓公成为春秋时第一个霸主。

战国末期思想家、教育家荀子曰："观往事，以自戒，治乱是非亦可识。"（《荀子·成相》）荀子认为，反观历史，不仅能够以史为鉴，还能充分认识治乱是非的规律。

---

① 《毛泽东选集》第2卷，人民出版社1991年版，第533页。

西汉著名的政论家、思想家贾谊曰："观之上古，验之当世，参之人事，察盛衰之理，审权势之宜，去就有序，变化应时，故旷日长久而社稷安矣。"（《新书·过秦下》）贾谊认为，统治者如果能察古鉴今，明察国家治乱兴衰的客观规律，清楚权势运用的规则，理政就会得心应手，国家就会长治久安了。

先贤们的这些论述都是说明总结和借鉴历史经验教训的重要性。拓宽历史视野，就是为了汲取成功的经验，总结失败的教训，充分借鉴历史，解决好工作中的新问题、新矛盾。

拓宽全局视野，身在兵位，胸为帅谋。全局视野，是相对局部视野而言。全局，是事物的整体局面。解决问题，全局视野非常重要。工作者拓宽全局视野，才能身在兵位，胸为帅谋。

身在兵位，胸为帅谋，是说，即便是身处士兵的位置，也能像将帅那样从全局的战略高度想问题、做决策、办事情。古往今来，凡成就大事业者，皆是具有全局视野之人，而不囿于自己的一亩三分地。

"惟自古不谋万世者不足谋一时，不谋全局者不足谋一域"，这段话出自清末民初经史学家陈澹然的《寤言二·迁都建藩议》，意思是说，不能从长远角度考虑问题的人，眼前的问题他也无法谋划；不能从全局高度谋划的人，局部问题他也处理不好。事实的确如此。目无全局的将军，即使是暂时争得了一城一地，最终也难免陷入失败的境地。

土地革命战争时期，"左"倾冒险主义者就是因为不懂得着眼全局、考虑长远的大道理，主张"不丧失一寸土地"，反对一切必要的退却，结果造成了全局的失败。而毛泽东懂得着眼全局、考虑长远的大道理，因此，他领导全国人民建立了新中国。西安事变释放蒋介石，就是着眼全局、考虑长远的一个经典案例。

德国哲学家黑格尔说："一个民族有一些关注天空的人，他们才有希望；一个民族只是关心脚下的事情，那是没有未来的。"把握全局、关注长远的工作者才能取得最后的胜利。

工作者要学会从全局视角认识问题、分析问题、解决问题。全局，指事物的整体及其发展的全过程；局部，指构成事物整体的各个部分、各个方面及其发展的各个阶段。

毛泽东曾经说过："马克思主义者看问题，不但要看到部分，而且要看到全体。一个虾蟆坐在井里说：'天有一个井大。'这是不对的，因为天不止一个井大。如果它说：'天的某一部分有一个井大。'这是对的，因为合乎事实。"① 他还说："说'一着不慎，满盘皆输'，乃是说的带全局性的，即对全局有决定意义的一着，而不是那种带局部性的即对全局无决定意义的一着。下棋如此，战争也是如此。"②

工作者只有全局在胸，从全局的角度去认识问题、分析问题和解决问题，才能有把握地走好每一步棋，最后解决好要解决的问题。

《庄子·秋水》云："井蛙不可以语于海者，拘于虚也；夏虫不可以语于冰者，笃于时也；曲士不可以语于道者，束于教也。"

这段话的意思是说，井里的蛤蟆你无法跟它谈海洋，因为它的眼界受到狭小的生活环境所局限；夏天生死的虫子你无法跟它说冰雪是什么样子，因为它的眼界受到气候时令的限制；而孤陋寡闻的人，你无法跟他谈论大道理，因为他的眼界受着所受教育的束缚。

那什么时候可以跟他们谈论大道理呢？《庄子·秋水》给出了答案："尔出于崖，观于大海，乃知尔丑，尔将可与语大理矣。"

---

① 《毛泽东选集》第 1 卷，人民出版社 1991 年版，第 149 页。
② 《毛泽东选集》第 1 卷，人民出版社 1991 年版，第 175 页。

这就是说，当你走出狭隘的河岸，向大海观看，知道你的浅薄无知的时候，就可以跟你谈论大道理了。庄子这里是借秋水来说明视野的重要。

工作者要拓宽解决问题的视野，离不开学习。毛泽东在延安第十八集团军总兵站检查工作会议上说过："有了学问，好比站在山上，可以看到很远很多东西。没有学问，如在暗沟里走路，摸索不着，那会苦煞人。"

这段话说得非常明确。要视野开阔，就得有学问。学问如何来？答案是两个字：学习。习近平总书记一再强调，"领导干部加强学习，根本目的是增强工作本领、提高解决实际问题的水平。"

（二）解决本领恐慌问题的一剂良药

工作者要解决工作中遇到的问题，需要有各种各样的本领。这些本领如何获得？一个重要的路径就是"学习"。

有研究证据显示，学习能够改善智商和情商，带来创新和洞见。这都是必不可少的本领。

习近平同志强调："领导干部如果不加强读书学习，知识就会老化，思想就会僵化，能力就会退化。爱学习、勤读书，通过读书学习来增长知识、增加智慧、增强本领，这是领导干部胜任领导工作的内在要求和必经之路。"①

在中华人民共和国成立的前夜，毛泽东针对新中国正在发生的深刻变化，严肃地告诫全党："严重的经济建设任务摆在我们面前。我们熟习的东西有些快要闲起来了，我们不熟习的东西正在强迫我们去做"，"我们必须克服困难，我们必须学会自己不懂的东西。我们必须向一切内行的人们（不管什么人）学经济工作。拜他们做老师，恭恭敬敬地学，老老实实地学。不懂就是不懂，不要装懂。"②

为了解决"本领恐慌"问题，党不失时机地在全党开展了进城前的读书学习活动。在党的七届二中全会的最后一天，毛泽东亲自向全党推荐了 12 本干部必读书，如《社会发展史》《政治经济学》《共产党宣言》《马恩列斯思想方法论》，等等。

1949 年 3 月 13 日，毛泽东在中共七届二中全会的讲话中说："关于十二本干部必读的书，过去我们读书没有一定的范围，翻译了很多书，也都发了，现在积二十多年之经验，深知要读这十二本书，规定在三年之内看一遍到两遍。对宣传马克思主义，提高我们的马克思主义水平，

① 习近平:《领导干部要爱读书读好书善读书》,《学习时报》2009 年 5 月 18 日。
② 《毛泽东选集》第 4 卷，人民出版社 1991 年版，第 1480—1481 页。

应当有共同的认识，而我们许多高级干部在这个问题上至今还没有共同的认识。如果在今后三年之内，有三万人读完这十二本书，有三千人读通这十二本书，那就很好。"①

进入新时代，国际形势诡谲多变，国内环境错综复杂，应变局、育新机、开新局，继续统筹推进"五位一体"总体布局、协调推进"四个全面"战略布局的历史任务异常艰巨，落实党对全面建成社会主义现代化强国两步走宏观展望的战略安排，落实党对未来中国社会发展的战略目标和重大举措的工作任务非常繁重。重任在肩，任务在手，工作者只有认真地读书学习，提高执政本领、领导本领，才能在知识爆炸、信息裂变的环境中，肩负起党和人民赋予的历史使命和责任。否则，就会在纷繁复杂的形势变幻中"本领恐慌"，在繁重艰巨的任务面前"本领不足"。

2013年3月1日，习近平总书记在中央党校建校80周年庆祝大会暨2013年春季学期开学典礼上的讲话中指出："只有加强学习，才能增强工作的科学性、预见性、主动性，才能使领导和决策体现时代性、把握规律性、富于创造性，避免陷入少知而迷、不知而盲、无知而乱的困

---

① 《毛泽东文集》第5卷，人民出版社1996年版，第261页。

境，才能克服本领不足、本领恐慌、本领落后的问题。"①

（三）让读书学习成为生活的一部分

1939 年 12 月，陈云在延安写了一篇著名的文章——
《学习是共产党员的责任》。在这篇文章里，陈云提出，
"学习是共产党员的责任。"他指出："我们好多同志总以
为只要一天到晚不停地工作，就算尽了我们对党的全部责
任，这种想法是很不全面的。一天到晚工作而不读书，不
把工作和学习联系起来，工作的意义就不完整，工作也不
能得到不断改进。"②

为进一步论述自己的观点，陈云还启发高级干部去思
考、比较，以下哪种情形对党更有利："一种是，一天到
晚地埋头工作，不去找时间读书；另外一种，就是一天抽
两小时来读书。"③陈云认为，"后一种无疑对党更有利"④。
因为，老干部"有斗争经验，学习理论更容易把书本上的
东西消化成为自己的，这样，领导工作的水平就可以大大

① 习近平：《在中央党校建校 80 周年庆祝大会暨 2013 年春季学期开学
典礼上的讲话》，《人民日报》2013 年 3 月 3 日。
② 《陈云文选》第 1 卷，人民出版社 1995 年版，第 187—188 页。
③ 《陈云文选》第 1 卷，人民出版社 1995 年版，第 188 页。
④ 《陈云文选》第 1 卷，人民出版社 1995 年版，第 188 页。

提高。"① 陈云还指出："只要大家认识清楚学习的重要性，就应该想法挤时间来读书。"②

陈云虽然是对当年高级干部提出的要求，但对新时代的工作者也适用。新时代的工作者有的人现在就是高级干部，有的人未来也会成为高级干部，即便未来成为不了高级干部，读书学习对党和人民的事业，对自身的发展也都有着重要的作用。

《荀子·大略》中有言："学者非必为仕，而仕者必如学。"在荀子看来，学习的人不一定要当官，但当官的人一定要去学习。工作者要把读书当作生活的一部分内容，当作一种生活习惯。

宋朝人黄庭坚曾经说过："人不读书，一日则尘俗其间，二日则照镜面目可憎，三日则对人言语无味。"在黄庭坚看来，人如果一天不读书，就会落入尘俗；人如果二天不读书，照镜子就能看到自己可憎之面目；人如果三天不读书，跟人交流言语乏味。

怎样才能养成读书的习惯？知乎上陈章鱼老师有个答案非常好。这个答案就是："用吃饭的态度来读书，怎么好好吃饭，就怎么好好读书。"真是一语中的。

---

① 《陈云文选》第1卷，人民出版社1995年版，第188页。
② 《陈云文选》第1卷，人民出版社1995年版，第188页。

　　我们每天都需要吃饭，一顿不吃就会饿得难受，一天不吃就会胃痛乏力，一周不吃就会卧床不起，一个月不吃就可能去找上帝。其实，吃饭、读书性质相同。只不过吃饭是为了保证我们肉体生命的健康茁壮，而读书学习则是为了保证我们精神生命的健康成长。

　　毛泽东常说："我一生最大的爱好是读书。""饭可以一日不吃，觉可以一日不睡，书不可以一日不读。"

　　毛泽东早在湖南第一师范上学时，就阅读过司马光编撰的《资治通鉴》，他在晚年跟身边的工作人员谈论《资治通鉴》时说："这是一部难得的好书！我读了十七遍，每读一遍都获益匪浅。"

　　《二十四史》也是毛泽东喜爱的历史巨著。1952年，毛泽东购置了一部清乾隆武英殿版《二十四史》，这部4000万字的史书，毛泽东几乎一字不落地读完，而且还用红蓝铅笔在书上留下了大量符号和批语。

　　毛泽东不但读有字书，还读无字书。1917年，他就利用暑假之机，行程900多华里，考察了湖南5个县，将读书学习与整个社会生活紧密结合起来。

　　工作者读书学习要有挤和钻的精神。工作者工作忙，是不争的事实。但即使再忙，要是能"挤"，还是会有时间的。鲁迅先生就说过："时间就像海绵里的水，努力去挤，总是会有的。"有人赞誉鲁迅先生为天才，他说："哪里有天才！我是把别人喝咖啡的工夫都用在工作上。"

叶剑英是中华人民共和国开国元帅、中国人民解放军的缔造者之一。他有一个关于自己的工作、学习、休息的"座右铭"："抓紧时间工作、挤出时间学习、偷点时间休息。"这个"座右铭"压在他的写字台上玻璃板底下。他还常说："学习的时间主要是靠自己挤出来。努力挤，就有；不挤，就没有。"这实际上就是叶剑英挤时间学习的体会。

李瑞环曾经回忆自己当建筑工人时是怎样挤时间学习的。他说："我是一个劳模，还是一个突击队长，不脱产，还得多干活，学习的时间只能从比别人更少的休息中去挤。那时的工棚是通铺，你要在工棚里点灯看书，别人就没法睡觉。夏天比较好办，冬天只好穿上棉袄、大头鞋，戴上口罩，到路灯底下去学习。算计时间，节省时间，合理利用时间，成了我一生的习惯。对我来说，从来没有无用的时间，包括零碎时间。每次睡觉以前，我总是要想一个题目，总怕早睡着了。碰到大的难的问题，不是趴在桌上想，而是躺在床上想。我的若干篇讲话、文章的提纲，几乎都是躺在床上想出来的。"①

---

① 李瑞环：《务实求理》，中国人民大学出版社 2010 年版，第 4 页。

不要小瞧这种挤出来的时间。有人统计，一个人如果每天阅读一小时，三年之后可以变成某一问题的专家，五年之后可以变成国家级专家，七年之后可以变成世界级专家。

习近平总书记也强调学习要挤时间。他指出"哪怕一天挤出半小时，即使读几页书，只要坚持下去，必定会积少成多、积沙成塔，积跬步以至千里"。①

"挤"和"钻"的精神，也是毛泽东所提倡的。1939年5月20日，毛泽东在延安在职干部教育动员大会上谈到了解决工作忙没有时间学习的方法，还有解决看不懂的方法。

他说，要用"挤"来对付忙。他还打比方说，这好比木匠师傅钉一个钉子到木头上，就可以挂衣服了，这就是木匠师傅向木头一挤，木头就让了步，才成功的。

他还针对有的同志反映基础太差、学习太难、看不懂的问题，给出了"钻"的方法。他说，就要像木匠用钉子钻木头一样地"钻"进去，多看看，不懂的东西就懂了。

毛泽东给出的方法，简要说来，就是以"挤"的方法

---

① 《习近平谈治国理政》，外文出版社2014年版，第407页。

获得学习的时间，以"钻"的方法求得问题的了解和深入。

读书学习中发扬挤和钻的精神，还要靠恒心来保证。恒心，是一种持久的心力，包括耐挫能力和抗干扰能力。如果没有恒心，一曝十寒，三天打鱼，两天晒网，所挤所钻就会有限。如果有恒心，就会水滴石穿，绳锯木断。

"锲而舍之，朽木不折；锲而不舍，金石可镂。蚓无爪牙之利，筋骨之强，上食埃土，下饮黄泉，用心一也。蟹六跪而二螯，非蛇鳝之穴无可寄托者，用心躁也。"

这是荀子《劝学》中的一段话。荀子的意思是说，拿刀刻东西，如果中途停止了，腐朽的木头也刻不断；如果不停地刻下去，即使是金石也能雕刻。蚯蚓没有锋利的爪牙、强劲的筋骨，但它却能上吃泥土，下饮泉水，这是因为它用心专一的缘故；螃蟹有六条腿，两只大钳，然而没有蛇鳝的洞穴它就无处容身，这是因为它心浮气躁的缘故。

俗话说："只要功夫深，铁杵磨成针。"东汉人王充在《论衡》中也说："凿不休则沟深，斧不止则薪多。"这都是在讲恒心的作用。

延伸阅读

"延安五老"的读书精神

董必武、林伯渠、谢觉哉、徐特立、吴玉章五人被称为"延安五老"。"延安五老"年龄虽"老"，但他们的读书态度、读书精神不老。

董必武是党的一大代表。他一生与书籍为伴，即使是在长征路上、在出差途中、在晚年，仍然读书不辍。在他的许多诗词中，都提到有关读书的内容，如《七十自寿》中有"革命重理论，马恩指出早"，以及"未因迟暮衰颓感，毛选诸篇读尚勤"的诗句；在《八六初度》中，他又说："马列至言皆妙道，细思越读越分明。"1974年冬天，董必武在病中指导秘书等人和他一起重新学习《马克思恩格斯选集》。他强忍病痛学完第一、二卷，到第三卷因为书太重，看不成了，就让秘书读给他听。"①

林伯渠的一生，也是始终把读书学习放在首

---

① 董明远：《太忙就挤 不懂就钻——董必武的读书学习方法》，《旗帜》2022年第10期。

位。关于读书，他认为："读书以防捡此心，犹服药以消磨此病。病虽未除，常使药力胜则病自衰；心虽未定，常得书味深则心自熟。"这是将读书视为修养心性成熟心智的一剂良药。

谢觉哉也堪称读书治学的楷模。他在 87 岁的时候总结说，我从七岁上学起就读书，一直读了八十年，其间基本上没有间断。他认为，社会上的事物与道理，天天前进，过去读的，不够今天用；今天读的，到明天又不一定适合。自以为够了，就得落伍。

谢觉哉晚年时，因为脑血管栓塞导致半身瘫痪，右手动不了。即便如此，他依然坚持读书。不能久坐看书，他就让人买来一个放乐谱的铁架子，把书放在架子上，头靠着椅子，用左手艰难地翻阅。夫人王定国劝他好好休息，别费神看书了，现在看书也用不上。谢觉哉回答："谁说用不上？有人来问，我可以讲。自己看得深一点，对人讲得才能透一点。"真是活到老，学到老。

徐特立是毛泽东和田汉等著名人士的老师。他认为读书可以"明人生之理，明社会之理"。1897 年，20 岁的徐特立制定了"十年破产读书计划"，即将每年教书所得的收入作为生活开支，其他的家产（包括祖上留给他的几亩薄田）则逐年变卖用来买书，就在"十年破产读书计划"的第八年，他家里的经济提前濒于破产了。

中华人民共和国成立之后，72岁的徐特立制定了20年的学习工作计划，在繁忙的工作之余挤出时间学习研究中共党史、民族史等。

吴玉章历经戊戌变法、辛亥革命、讨袁战争、北伐战争、抗日战争、解放战争、新中国建设而成为跨世纪的革命老人，他还曾经担任中国人民大学校长17年。他在30岁的时候曾经写有一篇自嘲文："吾志大才疏，心雄手拙！好学问而学无专长，好语文而文不成熟！好读书而不求甚解，虽有会意，却从未忘食。无枚皋之敏捷，有司马之淹迟，是皆虚心不足，钻研不深之故！年已三十，家业均无。样样皆通，样样稀松。东隅已失，桑榆未晚，必须痛改前非，力图挽救！戒骄戒躁，勿怠勿荒！"

这篇短文的意思是说，我志大才疏，胸有大志而手笨！爱好学问，但却没有特别擅长的，喜欢语文但是写出的文章却不成熟！喜欢读书却只求懂得个大概意思，不求深刻了解。虽然读书也有会心得意之处，但从来没有忘记吃饭。（陶渊明在《五柳先生传》中有"好读书，不求甚解；每有会意，便欣然忘食"之语，吴玉章在此化用）我没有西汉枚皋写作的敏捷速度，却有西汉司马相如的迟缓。（《西京杂记》卷三："枚皋文章敏疾，长卿制作淹迟。"长卿，是司马相如的字）这都是我不够虚心，钻研不深的原因。我年已30岁，没家没业。样样皆通，样样稀松。早年的时光虽然已经消逝，但如果珍惜现在的时光，发愤图强，并不晚。必须痛改前非，竭力挽救自己！一定戒骄戒躁，不懈怠、不荒芜学业！

吴玉章的这篇短文，与其说是自嘲文，不如说是自勉文。毛泽东赞誉吴玉章："几十年如一日，一贯的有益于广大群众，一贯的有益于青年，一贯的有益于革命。"

三、实际行动是解决所有问题的关键

解决所有问题的关键是什么？我们可以给出各种各样的答案，有一个答案似乎不像答案，但就是这个不像答案的答案却是解决问题的第三大底层逻辑，这就是行动起来。有实际行动不一定带来问题的解决，但没有实际行动则肯定不会有问题的解决。想，都是问题；做，才有答案。

实际行动是将想法转化为现实结果的关键步骤。工作者面对问题，任何抱怨和空谈都毫无价值可言，行动是解决问题的唯一路径。工作者只有通过实际行动，才能找到解决问题的方法，才能带来问题的解决，或者根本的解决。只有行动，才不会让问题总是问题。

（一）一定不要让问题永远是问题

工作者面对问题，首先要想到的，是付诸实际行动来解决。如果不采取实际行动，问题永远是问题。

有位贫困潦倒的中年男子，每隔两三天就要到教堂去祈祷，而且他的祷告词每次都差不多。

第一次到教堂时，他跪在圣坛前，诚恳地说："上帝呀，请您看在我多年敬畏您的份上，您让我中彩票大奖吧！"

几天后，他又来重复同样的话和动作，就这样反反复复一共祷告了二十多次。

这一天，他又来到了教堂："我的上帝，您怎么不倾听我的祈祷？就让我中一次吧，只要您满足了我的请求，我愿意终身敬奉您。"

就在这时，圣坛上传来了这样一个声音："我一直在倾听你的祷告。可是，最起码，你也该先去买一张彩票吧！"

这位中年男子期待自己能中彩票大奖，来改变自己的贫困潦倒现状，为此他多次向上帝祈祷。尽管他祈祷得很勤奋，但却一直不采取实际行动，去买一张彩票。一张彩票都不去买，他怎么可能中彩票大奖来解决自己的贫困潦倒问题！

这虽然是个故事，但也说明实际行动在解决问题中的关键作用。工作者面对问题，不要坐而论道空谈，不要期待他人去解决，要自己付诸行动。问题是动脑动手解决出来的，不是空喊口号喊出来的。空谈解决问题毫无意义，除非付诸行动。

（二）再坚持努力一下就会有成功

《百喻经》中有这样一则小故事：有个人饿了，去一家小饭馆买了个烧饼。他吃完了这个烧饼，觉得不饱，就又买了一个。吃完了这个他还是没有饱，就又买了一个。就这样，他一共买了六个烧饼，也还没有吃饱。当他买了第七个烧饼时，他吃了一半便饱了。

这个人很后悔，一边用手打自己的嘴巴子，一边责怪自己："真笨，吃了这半块烧饼就饱了，前面的六个烧饼白花了钱，为什么不早买这半块烧饼？"

这是一则蕴含着深刻哲理的小故事。任何事物的变化，都是从量变开始的。当量变达到一定程度时，必然引起事物的质变。事物在量变阶段呈相对静止状态。当量的积累达到一定限度时，才会发生质变。所以，量变是质变的前提，是质变的必要准备，而质变是量变的必然结果。

这一哲理在解决问题的过程中，也有具体的指导意义。它可以用一句话来概括，这就是："蓄之既久，其成必速"。这就是说，工作者在解决问题时，只要紧盯目标，坚持不懈地努力，就总会把问题圆满解决。

坚持不懈，要有坚强的意志，尤其是在解决问题的过程中遇到困难挫折障碍时，坚强的意志尤为重要。

坚强的意志是工作者战胜艰难困苦的动力源泉。工作者在解决问题的过程中，虽然都希望一帆风顺，但客观事物的发展是不以人的意志为转移的。不管工作者是否愿意，工作者在解决问题的过程中，常常会碰到一些不如意的事情。这就需要工作者具有坚强的意志来战胜困难。否则，工作者就会成为困难的俘虏。

"意志是组织自己走向某一目标的能力。"美国著名思想家罗洛·梅的话道出了意志的作用。

"凿不休则沟深，斧不止则薪多。"这是王充在《论衡》中的名言。意思是说，只要不停地开凿，沟渠会很深；只要不停地砍斫，就会得到很多的柴薪。此句用来比喻只要持之以恒地奋斗，就会取得好的成绩。最后的成功，往往就在再坚持一下的努力之中。

（三）做有愚公移山精神的工作者

1945 年 6 月 11 日，毛泽东在党的七大闭幕会上作了《愚公移山》的著名讲话，讲了这个寓言故事。他在讲话中讲述道："中国古代有个寓言，叫做'愚公移山'。说的是古代有一位老人，住在华北，名叫北山愚公。他的家门南面有两座大山挡住他家的出路，一座叫做太行山，一座叫做王屋山。愚公下决心率领他的儿子们要用锄头挖去这两座大山。有个老头子名叫智叟的看了发笑，说是你们这样干未免太愚蠢了，你们父子数人要挖掉这样两座大山是完全不可能的。愚公回答说：我死了以后有我的儿子，儿子死了，又有孙子，子子孙孙是没有穷尽的。这两座山虽然很高，却是不会再增高了，挖一点就会少一点，为什么挖不平呢？愚公批驳了智叟的错误思想，毫不动摇，每天挖山不止。这件事感动了上帝，他就派了两个神仙下凡，把两座山背走了。"① 毛泽东讲的这个故事出自《列子·汤问》。

毛泽东很倡导愚公移山的精神。愚公移山的精神就是面对困难挫折义无反顾、坚持不懈、永远奋斗的进取精神和大无畏精神。

"召开七大时，抗战胜利在即，中国共产党已经有了一百多万正式军队、上亿人口的根据地，全党的思想空前统一，困难的日子已经过去。毛泽东这时反复讲'愚公移山'，显然是着眼于为党的历史任务永远奋斗的精神准备和作风建设。"②

工作者在解决问题的过程中，要有愚公移山精神。即便遭遇挫折、失败，也不气馁，"咬定青山不放松"。要像西西弗斯一样，滚石上山不松劲，驰而不息，久久为功。

西西弗斯是希腊神话中的人物，是科林斯的建立者和国王。神话中说，西西弗斯甚至一度绑架了死神，让世间没有了死亡。最后，西西弗斯触犯了众神，诸神为了惩罚西西弗斯，让他把一块巨石推上山顶。巨石沉重，山坡陡峭，巨石每被推到山顶，旋即又滚落下来。但他毫不气馁，日复一日，不懈坚持，终其一生，都在和这种命运不屈地抗争。

---

① 《毛泽东选集》第 3 卷，人民出版社 1991 年版，第 1102 页。
② 陈晋：《毛泽东与愚公移山》，《光明日报》2015 年 6 月 10 日。

灾难自有它的价值

1914 年 12 月，大发明家托马斯·爱迪生的实验室在一场大火中化为灰烬。损失超过 200 万美金，但事前却只报了 23.8 万的保险。

大火熊熊燃烧的时候，爱迪生 24 岁的儿子查里斯在浓烟中发疯似地寻找父亲。他看到：父亲在平静地看着火势，他的白发在寒风中飘动着。

"我真为他难过。"查里斯后来写道："他都 67 岁，可眼下这一切都付诸东流了。他看到我就嚷道：'查里斯，你母亲去哪儿了，快去把她找来，她这辈子恐怕再也看不着这样的场面了。'"

第二天早上，爱迪生看着一片废墟说道："灾难自有它的价值。我们以前所有的谬误过失都给大火烧了个一干二净，感谢上帝，这下我们又可以从头再来了。"

火灾刚过去三个星期，爱迪生就着手推出他

的第一部留声机。

四、守住内心始终保持一份气定神闲

解决问题，最忌浮躁，最忌心不静，尤其是面对棘手问题时，工作者如果浮躁，心不静，就会越理麻越乱。工作者要"以内无妄思保证外无妄动"。面对名利，淡泊；面对世俗，清醒；乱花间不迷惑，泥淖中不沉沦，始终保持一份气定神闲，无论何种诱惑，都不能背叛自己的理想信仰、道德原则和情感。

"内无妄思，外无妄动"出自南宋理学家朱熹与其弟子问答的语录汇编《朱子语类》卷十二《学六·持守》。意思是，内心不要胡思乱想，就不会有轻举妄动。

工作者守住内心，始终保持一份气定神闲，遇到问题才能冷静、理智地审视问题、分析问题，找出解决问题的对策。如果内心乱如麻，对问题的审视、分析也会杂乱无章，理不清头绪。朱熹曾说："心不定则内必纷扰"。

（一）先去处理心情，再来处理事情

先处理心情，再处理事情，不仅是一种被广泛认可的哲理，也是古往今来成就大事业者的经验之谈。曾国藩就是如此。比如，清同治三年（1864 年）五月，曾国藩作为主帅引兵攻打天京（南京在太平天国时期的名称）的太平军。此时，他的弟弟曾国荃率领湘军吉字营的五万兵马已经围困天京两年之久。前线战事复杂不明。

　　湘军能否取胜，吉字营能否建立不世之功，曾国藩心中没底，再加之外界的流言蜚语，什么养寇自重，什么想企图压制其他湘军将领而单单将功劳让给曾国荃，等等，严重地影响了曾国藩的心情。他知道，在烦乱的心情下是做不出正确决策的。于是，他在安庆江督衙门的三楼，设置了一间静室，每天下午四五点钟在此静坐一小时，其间，屏蔽一切外界干扰。他进静室时心烦意乱，出静室时气定神闲。一个月之后，湘军攻破了天京，最终取胜。其后，曾国藩总说"临大事者须有静气"。有静气，心态才能冷静，情绪才能平静。

　　工作者在面对需要解决的问题时，首先要保持冷静的情绪和平静的心态，然后再去审视问题、分析问题，这样才能找到正确地解决问题的方案。

　　诸葛亮的空城计，就把以静致胜演绎得淋漓尽致。明代罗贯中在《三国演义》第 95 回中描述道："'如魏兵到时，不可擅动，吾自有计。'孔明乃披鹤氅，戴纶巾，手摇羽扇，引二小童携琴一张，于城上敌楼前，凭栏而坐，焚香操琴，高声昂曲。"

魏将司马懿引领的 15 万大军兵临城下，城内的诸葛亮身边没有大将，只有一班文官和一些老弱病残的士兵。诸葛亮命令士兵藏起旌旗，打开城门，每个城门之上派 20 名士兵装扮成百姓模样，洒水扫街。他自己则带着两个小书童，带上一张琴，到城上望敌楼前凭栏坐下，燃起香，然后慢慢弹起琴来。司马懿不知虚实，只好退兵。

《道德经》有云："清静为天下正。"有清静之心，方能洞察自然万物，诸事皆可正。静水深流，真水无香。能成就大事的人，遇事皆是冷静应对。

"知止而后有定，静而后能安，安而后能虑，虑而后能得。"这段话出自《礼记·大学》。这段话的意思是说，知道目标所在，这样才能志向坚定，志向坚定才能够镇静不躁，镇静不躁才能够心安，心安才能够思虑周详，思虑周详才能够有所收获。

"非淡泊无以明志，非宁静无以致远"，诸葛亮《诫子书》中的这两句话，至今读来依然受益匪浅，不恬静寡欲无法明确志向，不排除外来干扰无法达到远大目标。

"戒急用忍，方能行稳致远。"这是古人的明训。意思是说，用忍耐的态度来戒除急躁的脾气，才能走得稳当，走得更远。遇到问题越是着急，头脑就会越混乱，就越容易把事情搞砸。

（二）与其抱怨坎坷，不如拼力一搏

"挫折"，是事情进行中遭遇的一个失败；"逆境"则是不顺的境地。一般而言，逆境包含挫折，但逆境不等于挫折，挫折也不等于逆境。

人生在世，谁都想在顺境中快快乐乐地生活、学习和工作，在顺境中愉悦地成就自己所期望的事业。然而，事物的发展变化却不以人的意志为转移。工作者在解决问题的过程中，却常常要面对各种各样的困难挫折。这就是逆境，一种不顺利的境遇。

面对逆境，有的人把它当作磨练意志、砥砺思想的器物，更加发愤图强，更加努力拼搏，终于使自己在逆境中脱颖而出，成为社会的栋梁。

面对逆境，有的人把它看作是自己成功的绊脚石，当成不可逾越的鸿沟，因此便退避三舍，萎靡不振。结果使自己陷入到失败的泥潭中不能自拔。

看来，逆境是一把双刃剑。关键在于我们怎样运用它，怎样面对它。工作者如果能够勇敢地面对，勇敢地接受挑战，就能成为逆境的胜利者。

勇敢地挑战逆境。古罗马斯多噶派哲学家塞涅卡说过一句名言："一帆风顺固然令人羡慕，但逆水行舟则更令人钦佩。"事实也的确如此。在对逆境的征服中才能显见一个人高尚的境界。正如英国著名作家莎士比亚在《科利奥兰纳斯》中所言："患难可以试验一个人的品格；非常的境遇才可以显出非常的气节；风平浪静的海面，所有的船只都可以并驱竞胜；命运的铁拳击中要害的时候，只有大勇大智的人才能够处之泰然。"

德国著名作曲家贝多芬具有惊人的音乐才华，但命运偏偏捉弄他，在他27岁时，不幸失去了听觉。这对一位从事音乐创作的人来说，是多么沉重的打击。但是，贝多芬没有被灾难所吓倒，他表示："我要扼住命运的咽喉，向命运挑战。"他以非凡的意志，战胜了病魔，创作出了9部交响曲、32部钢琴奏鸣曲、5部钢琴协奏曲、16部弦乐四重奏。

贝多芬用他的生命演奏了一首命运交响曲。对于一位潜心音乐创作的人来说，耳朵失聪，是事业的灭顶之灾。然而，贝多芬没有向命运低头，他用非凡的意志，向命运挑战，终于扼住了命运的咽喉，取得了辉煌的成就。

贝多芬的故事说明：灾难逆境只能吓倒那些意志薄弱的人，而对于意志坚强的人来说，灾难逆境算什么，灾难逆境只不过是他们前进中的一个小的门槛，迈过去就是了。

逆境中百折不挠。俄国著名文学家车尔尼雪夫斯基说过："历史的道路不是涅瓦大街上的人行道，它完全是在田野中前进的，有时穿过尘埃，有时穿过泥泞，有时横渡沼泽，有时行经丛林。"

不管是"穿过尘埃""穿过泥泞"，还是"横渡沼泽""行经丛林"，都需要百折不挠。累了就歇在路边的人，败了就在路边躺平的人，是不会取得胜利的。

纵观历史和现实，不难发现，卓越的人有一大优点，这就是：在逆境中百折不挠。

傅小石是我国著名国画大师傅抱石的长子。1958 年，正在中央美术学院上学的傅小石被划成"右派"，从此，厄运便伴随着他多年。他先是摔折了左腿，接着又中风造成右半身瘫痪，后来，又摔断了右腿，结果，他的四肢，仅有左手正常。

尽管一生多灾多难，但他从不向命运低头，他怀揣希望，每天仍作画不止，在艺术创作上取得了非凡的成就。他的画还被中国美术馆收藏。2002 年 5 月 18 日，"傅小石七十寿辰画展"在广州艺术博物院举行，受到观众的赞赏。

面对厄运，傅小石不屈服，不低头，以顽强的意志、以自强不息的精神向命运抗争，终于战胜了命运，成就了非凡的事业。

逆境中，也许路途很远，也许崎岖难行，但是不要怕。不怕的人的面前才有阳光灿烂的光明路。

与其抱怨身处幽暗的隧道，不如提灯勇敢前行；与其抱怨坎坷，不如拼力一搏；与其怨天尤人，灰心丧气，不如化怨气、丧气为志气，一步一步地改变自己。

人生命运不可能都一帆风顺，有时候你会突然遇到一个陡坡。你咬牙坚持爬过陡坡，就抵达了山顶，自会看到山下风光无限。正所谓跨不过去的是苟且，跨过去的是远方。

（三）只要坚持得住，曙光就在眼前

人生在世，不管是工作，还是生活，都不可能总是"直挂云帆济沧海"，一帆风顺。挫折失败在所难免。南宋词人辛弃疾词《贺新郎·用前韵再赋》中就"叹人生，不如意事，十常八九"。

挫折是黎明前的黑暗。人生遭遇挫折，不要灰心丧气，只要你能坚持得住，曙光就在眼前。

唐天宝元年（公元 742 年），43 岁的李白经贺知章举荐，被唐玄宗召入翰林院。能进翰林院工作，李白很开心，但李白在翰林院工作了不到两年，就厌倦了御用文人的生活。

唐天宝二年（公元743年）的秋天，李白写了许多表达怨忧失望的诗篇，如《玉阶怨》《怨歌行》等，这些作品触怒了唐玄宗，唐天宝三年（公元744年），他被唐玄宗炒了鱿鱼，史称"赐金放还"。

"仰天大笑"去了翰林院，但两年多的时间，就被唐玄宗拿了点小钱打发了。李白的挫折可想而知。

李白在离开长安的时候，挥笔写下了《行路难·其一》：

金樽清酒斗十千，玉盘珍羞直万钱。

停杯投箸不能食，拔剑四顾心茫然。

欲渡黄河冰塞川，将登太行雪满山。

闲来垂钓碧溪上，忽复乘舟梦日边。

行路难，行路难，多歧路，今安在？

长风破浪会有时，直挂云帆济沧海。

这首诗的意思是说，金杯里装的名酒，每斗要价十千；玉盘中盛的精美菜肴，收费万钱。但我却停杯投箸吃不下；拔剑环顾四周，我心里委实茫然。想渡黄河，冰雪堵塞了这条大川；要登太行，莽莽的风雪早已封山。像姜尚垂钓溪，闲待东山再起；伊尹乘舟梦日，受聘在商汤身边。何等艰难！何等艰难！歧路纷杂，真正的大道究竟在哪边？相信总有一天，能乘长风破万里浪；高高挂起云帆，在沧海中勇往直前！

"想渡黄河，冰雪堵塞了这条大川；要登太行，莽莽的风雪早已封山。"李白的挫折显而易见。但他面对挫折，没有灰心丧气，他要像姜尚在溪旁垂钓，等待东山再起；要像伊尹那样，被商汤聘请在身边。虽然他知道这仕途之路非常艰难，但他相信自己总有一天会"长风破浪会有时，直挂云帆济沧海"。这是何等的乐观豪迈！

工作者应该知道，所谓的千里马，不一定是跑得最快的那一匹，但一定是耐力最好的那一匹。

战胜挫折就是艳阳天。有一首歌，叫《阳光总在风雨后》。其中有这样几句歌词："难免曾经跌倒和等候，要勇敢地抬头""阳光总在风雨后，乌云上有晴空""阳光总在风雨后，请相信有彩虹"。

谁没有"跌倒"过？谁没有经历过"风雨"？"跌倒"时不能趴下，要勇敢地抬头向前看，要勇敢地站起来向前冲。遭遇风雨时，要学会坚持，风雨总会过去，风雨过后，就是艳阳天。

一个人在解决实际问题、实现目标的过程中，最忌遇挫折则退缩，最需坚韧不拔、持之以恒。成功不仅需要战斗力，也需要忍耐力。

坚持是滴水穿石的坚韧，是蜜蜂酿蜜的累积，有些事

情，不是看到希望了才去坚持不懈地奋斗，而是坚持不懈
地奋斗才会看到希望。

追求目标不放弃。1948 年的一天，牛津大学邀请丘
吉尔去做演讲。丘吉尔演讲的题目是"我的成功秘诀"。

1940 年至 1945 年和 1951 年至 1955 年丘吉尔两度出任
英国首相，被认为是 20 世纪最重要的政治领袖之一。

他领导英国人民赢得了第二次世界大战，是"雅尔塔
会议三巨头"之一，战后发表《铁幕演说》，揭开了冷战
的序幕。他撰写的《不需要的战争》获得 1953 年诺贝尔
文学奖，并著有《第二次世界大战回忆录》16 卷、《英语
民族史》24 卷等。

丘吉尔无疑是一位非常成功的人士。他的成功秘诀是
什么？听众期待着他的答案。

丘吉尔一露面，会场上就掌声雷动。丘吉尔用手势
止住如雷的掌声后，说："我成功的秘诀有三个：第一是，
决不放弃；第二是，决不、决不放弃；第三是，决不、决
不、决不放弃！我的演讲完了。"

原来，丘吉尔的成功秘诀，就是"决不放弃"。事实
上，成功的秘诀就在于对目标坚定不移地不懈努力。

爱迪生发明电灯时，为了找到能延长灯泡寿命的材
料，他以非凡的毅力、耐心试验了多年，仅失败就经历

了 7000 多次。在他持续不断的努力下，终于发明了钨丝灯泡。

经历了 7000 多次失败最后终于取得了成功，爱迪生追求目标"决不放弃"的意志力，令人敬佩不已。事实上，爱迪生的每一次失败，都向成功迈进了一步，如果他不继续坚持，就可能功亏一篑。

欧立希发明治疗昏睡病和梅毒病的"六〇六"（砷矾纳明），前后失败了 605 次。但他不灰心，不畏缩，继续试验，终于在 606 次获得了成功。

谁都希望事事成功，而且能够一蹴而就。但实际上，人不可能永远事事成功，也不能一蹴而就，失败挫折是在所难免的。这就要求工作者能有对追求的目标"决不放弃"的意志力。欧立希如果缺乏这种意志力，"六〇六"就不会被发明创造出来。

大器先须小折磨。每逢升学考试，落榜者大多是垂头丧气，失魂落魄。古今皆然。但清朝乾隆年间著名的戏曲理论家李调元却不同于常人。一次，他参加在成都举行的乡试，不慎落榜。落榜后的李调元并不气馁，他决定继续攻读。

临离开成都时，他的一位落榜的同窗喝得酩酊大醉，闯进了他的房间，大喊没脸见人了。见此情形，李调元便写了一首诗来劝慰他，并与之共勉。诗中写道："世上怜才休恨少，平生失学古来多。天公有意君知否？大器先须小折磨。"

落榜的同窗看了这首诗顿时醒悟，表示要继续发愤，永远戒酒。两个落榜人相互勉励，继续努力，后来都考中了进士。

失意不可失志。只要志向不失，工作者就能坦然面对挫折，就能在挫折中继续拼搏，就能在挫折中崛起。

▎延伸阅读

"牛油果"型人格

"牛油果"型人格，是指那些拥有坚硬内核的人格特质。"牛油果"型人格，是哈佛大学心理学家布莱恩·利特尔在《突破天性》一书中提出的比喻，学名叫"低自我控制型人格"。

所谓"牛油果"型人格，顾名思义，这种人格就像一颗"牛油果"。你不断往里面挖的时候，它里面是一个坚硬的内核。

换一句话来说，就是有一个坚定的核心自

我。"敌军围困万千重，我自岿然不动。"

具有"牛油果"型人格的人，就像芝加哥大学教授、心理学家海因茨·科胡特对"核心自我"描述的那样："在情绪的惊涛骇浪中，有一个核心自我稳稳地站在那里。它会摇晃，摇晃是一种呼应，但只摇晃，根基不被动摇。"

这就是说，"牛油果"型人格的人，对自己认定的事情特别坚持。当外界环境不断变化甚至风雨飘摇时，其他人可能会产生动摇和自我怀疑，但他却依然坚守内心的想法，并极度自律。

|第七章|
应对解决问题的思维陷阱

　　成功解决问题，不仅在于工作者的经验和知识，更在于他的思维方式。如果工作者有正确的思维方式，他遇到问题就能找到正确的解决问题的路径和方法，但他如果掉进解决问题的思维陷阱中，就会盲人骑瞎马，夜半临深池。因此，工作者要有效、高效地解决工作中遇到的问题，还需要应对解决问题的思维陷阱。

一、非黑即白思维及其应对策略

　　非黑即白思维，又称"二元思维""二分思维"，是一种"非此即彼、非彼即此"的思维方式。这种思维方式虽然在解决问题的过程中，在某些情况下有作用，但它的局限性和消极影响还是不容忽视的。有非黑即白思维的工作者会简单地把问题分为对与错、黑与白等两个极端，非黑即白、非对即错、非输即赢，而忽视问题的多样性和复杂性，这会导致工作者只看到问题的表象，而无法关注到问题的本质。

（一）使用非黑即白思维处理问题有时会致命

"用非黑即白思维处理问题有时会致命"，这话看着貌似有些吓人。但这貌似吓人的话还真的不是危言耸听。当年，对曹操的处理如果用非黑即白思维，就不会有割发代首的典故，曹操也是必死无疑。

曹操割发代首的故事源自《三国演义》第十七回《袁公路大起七军、曹孟德会合三将》。书中写道：

> 操留荀彧在许都，调遣兵将，自统大军进发。行军之次，见一路麦已熟；民因兵至，逃避在外，不敢刈麦。操使人远近遍谕村人父老，及各处守境官吏曰："吾奉天子明诏，出兵讨逆，与民除害。方今麦熟之时，不得已而起兵，大小将校，凡过麦田，但有践踏者，并皆斩首。军法甚严，尔民勿得惊疑。"百姓闻谕，无不欢喜称颂，望尘遮道而拜。官军经过麦田，皆下马以手扶麦，递相传送而过，并不敢践踏。

　　操乘马正行，忽田中惊起一鸠。那马眼生，窜入麦中，践坏了一大块麦田。操随呼行军主簿，拟议自己践麦之罪。主簿曰："丞相岂可议罪？"操曰："吾自制法，吾自犯之，何以服众？"即掣所佩之剑欲自刎。众急救住。郭嘉曰："古者《春秋》之义：法不加于尊。丞相总统大军，岂可自戕？"操沉吟良久，乃曰："既《春秋》有法不加于尊之义，吾姑免死。"乃以剑割自己之发，掷于地曰："割发权代首。"使人以发传示三军曰："丞相践麦，本当斩首号令，今割发以代。"于是三军悚然，无不懔遵军令。后人有诗论之曰：

　　十万貔貅十万心，一人号令众难禁。拔刀割发权为首，方见曹瞒诈术深。①

曹操刚刚下达了践踏麦田者斩首示众的军令。他的马就受惊而践踏了麦田。怎么处理这个问题？如果是一个拥有非黑即白思维的人来处理这件事情，曹操就死到临头了。还好，身为军师祭酒的郭嘉引用《春秋》"法不加于尊"之说，让曹操化解了尴尬。所谓军师祭酒，就是参谋军事之官。

　　当然，这是曹操，如果是一般的士兵走卒，估计就没

---

① 罗贯中著：《三国演义》，吉林文史出版社 1995 年版，第 153 页。

有这么幸运了吧?

(二) 应对非黑即白思维应首推多元思维

多元思维, 是美国投资家查理·芒格 (Charlie Thomas Munger, 1924 年 1 月 1 日—2023 年 11 月 28 日) 提出来的, 是一种融合多学科知识, 处理复杂问题的思维方式。它跳出点、线、面的限制, 从多个角度对问题进行分析和思考, 从而得出最优解决问题的方案。

查理·芒格认为, "如果你只是孤立地记住一些事物, 试图把它们硬凑起来, 那你无法真正理解任何事情……你必须依靠模型组成的框架来安排你的经验。" 在他所著的《穷查理宝典》中, 查理·芒格多次提到一个影响他生活、学习和决策的思维方法, 这个思维方法就是建立在他称之为"多元思维模型"的基础之上。

查理·芒格认为, 你不要理会学科的法定界线, 学习就应该回到最初的样子, 需要学什么就学什么, 世界是众多学科的综合体。

由查理·芒格之言所见, 工作者要涵养多元思维, 需要跨学科学习, "博闻多知", 政治、经济、军事、外交、文化、教育、卫生等各方面的知识, 多多益善。

在美苏冷战时期, 外国人尤其是西方人要想混迹苏联，那是非常困难的，因为苏联实行身份证制度。要是没有身份证，别说坐飞机，就连火车都乘不了，更别说是住旅馆了。

1947年，一个接受了美国专门训练的白俄人，利用伪造的身份证巧妙地混过了警戒线。可是，还没等他潜入到目的地，就在一个村庄的旅店里被捕了。

当时，苏联人的穿戴用品，都是苏联的国货。这个白俄人的穿戴用品也不例外。尽管如此，他还是被识破了。

他为什么被识破了呢？因为给他做衣服的裁缝是个美国人。美国人钉扣子的方法是两对扣眼钉成平行线，而欧洲习惯于十字交叉的钉法。就是这样一个细节，让他的间谍身份暴露了。真可谓"功亏一篑"。

由这个故事可知，破译了这个间谍身份的人一定是一位博闻多知、具有多元思维的人，正因为如此，他知道美国人钉扣子的方法和欧洲钉扣子的方法之不同。

总而言之，多读书，增加知识存量是应对非黑即白思维的不二法门。查理·芒格所提出的"多元思维模型"，就是不断学习多种学科知识，用以形成一种思维模型的复式框架。

（三）世界并非只有两极还有广阔的中间地带

生活不是非黑即白的，工作者都会承认这一点，但在看待事物时，有的工作者还是会受到"非黑即白"思维的影响，倾向于把事情极端化。这种思维方式认为一个问题只有两种可能的答案，而事实上它可能具有多个潜在的答案、多种可能的结论。

工作者需要认识到，事物往往并不是非此即彼的，而是存在广阔的中间地带的可能性。工作者只有认识到了世界充满了多样性和灰度，才能跨出非黑即白思维陷阱。

非黑即白思维其实是一种认知的扭曲，它把事物、人或行为简单地加以归类。要么就是好人，要么就是坏人；要么就是成功，要么就是失败，这种思维方式会导致工作者不能全面地理解和评估事物，从而影响问题的解决。

二、以偏概全思维及其应对策略

以偏概全思维，是一种根据个案或者个人经验，对整体进行判断的一种思维方式。在解决问题的过程中，工作者如果秉持着这种思维方式来看待、分析问题，就会导致他对问题的认识产生偏差，偏离对事物或现象的真实、客观的理解，形成片面的观念，从而影响问题的解决，而且还可能因此而产生新的问题。譬如，有以偏概全思维的人遇到了一件对他来说是不公平的事情，他就会认为整个社会都是不公平的，于是，就对这个社会产生了敌意。

（一）应对以偏概全思维首推逻辑思维

以偏概全，实际上是一种推理错误。工作者具有以偏概全思维，总是从部分事物推出整体结论，而忽视可能存在的其他原因，以至在推理过程中形成思维缺陷。而运用逻辑思维可以矫正这种推理过程的偏差。

逻辑思维是人们在认识事物的过程中借助于概念、判断、推理等思维形式能动地反映客观现实的理性认识过程。抽象与概括、分析与综合、归纳与演绎、对比与类比，等等，是基础的逻辑思维。工作者在观察和处理问题时，要避免以偏概全，可以采用这些基础的逻辑思维。

陈赓将军在担任哈尔滨军事工程学院院长兼政治委员时，有一天，学院保卫部门的一位同志向他反映，说是有位教员的哥哥是台湾国民党某大员，有这种社会关系的人，不适宜在军事院校工作，建议将这位教员调离。

陈赓听后，说："她确实有个哥哥在台湾，是国民党的要员，可是她还有个哥哥在大陆，是我们党的中央委员。她没有跟国民党的哥哥跑到台湾去，却跟共产党的哥哥留在大陆，不正好说明她是进步的吗?"

学院保卫部门的同志只看到那位教员有台湾国民党某大员亲属的一面，而没有看到她还有共产党中央委员哥哥的另一面，就贸然要把她调离军事工程学院，很显然是以偏概全。陈赓同志将这两方面的情况摆出来一对比，问题就清楚了，应该怎样处理那位教员的问题也就不讲自明了。

天下万事万物都是相比较而存在的。正如老子所言："有无相生，难易相成，长短相形，高下相倾，音声相和，前后相随。"对比，就是将两件或两件以上的事物放在一起，就它们的性质、范围、作用等方面做定量或定性的对比分析，通过对比分析，来表明自己的观点，让他人明白道理，从而使问题得到解决。

(二) 辩证思维是应对以偏概全思维的又一剂良药

应对以偏概全思维，辩证思维是一剂良药。工作者要学会全面辩证地看问题，不要片面。片面了，就会只见树木，不见森林;攻其一点，不及其余。工作者还要学会动态地看问题。事情总是在不断地变化，世界上永远不变的就是"变"。比如说，在家庭教育问题上，有的家长因为孩子某一次考试没有考好，就焦虑不安；孩子某一次发了点脾气，就视为大逆不道。这都是以偏概全。这种以偏概全不仅影响到孩子问题的解决，还会影响到孩子的健康成长。

全面地看问题，就是"这方面不好，那方面好"；动态地看问题，就是"现在不好将来好"。

《淮南子·人间训》中，曾经记载过这样一个故事：在长城边上，住着一个精通骑术的人。

一天，他家的马不知道因为什么缘故逃到胡人那边去了。人们都来安慰他，他父亲却说："这又怎么能知道它不是福气呢？"

过了几个月，那匹马竟带领着胡人的骏马回来了。人们都去祝贺他，他却说："这又怎么能知道它不是祸害呢？"

家里多了好马，他儿子喜欢骑马。一天，儿子从马上摔下来，摔断了大腿。人们都来安慰他，他却说："这又怎么能知道它不是福气呢？"

过了一年，胡人大举进攻，进了长城内，壮年男子都拿起武器作战。靠近长城一带的人，绝大多数都战死沙场。他儿子却因为腿瘸的缘故没有被征去打仗，父子得以保全性命。

这就是我们常讲的"塞翁失马，焉知非福"。好事可以变成坏事，坏事也可以变成好事。这正如老子所说的"祸兮福所倚，福兮祸所伏"。

（三）培养辩证思维必须要掌握辩证法

辩证思维是辩证法在思维中的具体运用。工作者要培养辩证思维，就需要掌握辩证法。

培养辩证思维，要坚持辩证法的全面性，避免形而上学的片面性，避免以偏概全。这一点，对于全面地认识问题很重要。我有一个朋友，看问题有些片面，尤其是在看自家的孩子时，更是片面得厉害。因为她在管教孩子时，属于控制型的家长，虎妈一枚。孩子被她控制得都有点抑郁了。

她经常电话里跟我吐槽，说自己命不好，养了一个不听话的孩子，这也不行，那也不是，似乎孩子身上一处优点都没有。

有一天晚上，她又跟我吐槽时，我对她说："你一会儿放下电话后，什么都别干，就罗列出孩子的优缺点，罗列好之后，明天晚上咱们再通电话。"

第二天，她打电话来了，很高兴地告诉我："我儿子还有许多优点呢！他关心公益事业，他喜欢帮助别人……"她对儿子的看法改变了。慢慢地她的心情变得敞亮了，对孩子的态度也有了很大的改变，孩子的情绪也随之好转。

培养辩证思维，要坚持辩证法的动态性，用发展的观点来看问题，不要因循守旧。比如，就家庭教育来讲，世界已经进入到现代文明社会了，而有些家长的教育理念和教育方法还停留在封建时代。

经常听到有的家长说，我是他爹，他必须听我的。每当听到这话，我就气不打一处来。你说得对，孩子要听你的；你要是说错了，干嘛还要听你的？就因为你是他爹？

培养辩证思维，就要坚持辩证法的相对性，避免绝对化地看问题。生活不是非黑即白的黑白世界，不是非对即错的逻辑开关；世界上没有绝对公平的事，世界上也没有绝对完美的人。

譬如，家长对孩子的要求、看法不要绝对化，别人家的孩子学习成绩好，就觉得是一好百好；自己家的孩子成绩差，就认为是一差百差。这不仅对自家的孩子不公正，对自己的身心健康也不利。

▌延伸阅读

鸟笼效应

　　鸟笼效应（Birdcage Effect），又称"鸟笼逻辑"，是近代杰出的心理学家、美国心理学之父威廉·詹姆斯提出来的。1907 年詹姆斯从哈佛大学退休，他的好友物理学家卡尔森也同时退休。

　　这一天，詹姆斯对卡尔森说："过不了多久，我就会让你养上一只鸟。"卡尔森不以为然："不可能，我从来没有想过养一只鸟！"

　　过了些日子，正逢卡尔森生日。詹姆斯送给卡尔森一只精致的鸟笼作为礼物。卡尔森收下礼物，说："我只是把它当作一件漂亮的工艺品，但我绝对不会用它养鸟。"卡尔森把这只精致的鸟笼放在书桌旁。但从此之后，每当有客人来看到那个空荡荡的鸟笼，总是问："教授，您养的鸟什么时候死了？"卡尔森只好一遍遍地解释："我从来没有养过鸟！"但这种回答换来的是客人困惑或不信任的眼神。为了避免解释的麻烦，卡尔森去市场买了一只鸟。这就是"鸟笼效应"。

"鸟笼效应"是一个著名的心理现象，是指人们在偶然获得一件原本不需要的物品时，会继续添加更多与之相关而自己不需要的东西。这种心理现象的形成是惯性思维在起作用，致使人们在面对某些情境时，容易被心理暗示影响自己的行为。

三、盲目跟从思维及其应对之策

盲目跟从思维，是个体不加任何思考，而盲目地接受他人的意见或追随他人的行为。这种思维是工作者缺乏独立思考和判断精神的突出表现。工作者如果具有盲目跟从思维，就会人云亦云，盲目跟风，观察问题、分析问题、解决问题时没有自己独到的见解，把自己的思想嫁接在别人的树上。

（一）盲目跟从思维形成的三个主要原因

盲目跟从思维是怎样形成的？原因是多种多样的，但主要的原因就是缺乏问题意识、思考的省略倾向、传统话语霸权所造成的怠惰"基因"。

缺乏问题意识。这是盲目跟从思维形成的一个重要原因。具有独立思考的人，对任何问题、任何事物都能问一个"为什么"，并能很快地进入思考的状态，即有强烈的问题意识。他们爱提出质疑，并且努力地探求原因，寻求答案。

相反，具有盲目跟从思维的人，对任何问题、任何事物都视而不见，熟视无睹，充耳不闻，无动于衷，即缺乏问题意识。

为什么"问题意识"会导致两种不同的思维方式呢？原来，在人类的意识结构中存在着一种追求稳定、保持平衡的特征倾向。这种平衡状态要靠强烈刺激，要靠问题意识化的活动来打破，如果没有强烈刺激，没有问题意识，这种平衡状态一般是不会被打破的。

虽然从本质上来讲，人类是一种从意识到肉体都具有追求平衡状态的保守性动物。但肉体上的平衡状态是维持生命的不可或缺的条件，失去平衡，肉体就会生病，而意识的平衡状态却是思维活动的危险物，它阻碍着思维的活跃，束缚着思维的发散。因此，要打破盲目跟从思维，就必须具有强烈的问题意识，有了强烈的问题意识，才能使思维活跃起来，使大脑处于一种"活性化状态"。

思考的省略倾向，这是盲目跟从思维形成的另一个主要原因。所谓思考的省略倾向，是指遇到跟以往解决过的问题相似的问题时，便不再把它当作新问题来分析、思考，而是根据过去的经验来解决。

思考的省略倾向，使得人们习惯于"无意识行动"，对于变化的情况麻木不仁，并最终造成思维的盲目跟从。

传统话语霸权所造成的怠惰"基因"。

封建时代的君君、臣臣、父父、子子，皇帝的话就是金科玉律，任何人都要遵照执行，不允许有任何的异议。家长在家里就是一言九鼎，家长的话就是家中的"圣旨"，孩子稍有不满就谩骂，甚至殴打。

正是这种话语霸权，造成了怠惰的"基因"。因为在话语霸权下，一般人的思考、表达是无效的，不仅想也白想，甚至还会造成灭顶之灾。因此，就从不敢想，到不敢说；从不愿想，到不愿说；从懒得想，到懒得说。结果，最终形成了怠惰"基因"。而这怠惰"基因"便导致了盲目跟从。

于是，人们习惯于接受"圣人"现成的教诲，懒得独立思考；习惯于接受别人现成的经验，懒得多作分析。

（二）应对盲目跟从思维首推批判性思维

批判性思维，是具有批判精神的思维，它不是简单地接受他人的观点和看法，而是敢于质疑，善于辨析。

批判性思维最早可追溯到苏格拉底的问答法。苏格拉底是古希腊著名哲学家，他在教授学生时，提出一个问题，先让学生们充分发表意见，然后，他用反诘的方式，让学生陷入自相矛盾的窘境来促进学生深入思考，然后，他再利用各种相关的事物对学生进行启发，逐步引导学生得出正确结论。因为这种教学方式自始至终是以师生问答的形式进行的，所以又叫"问答法"。

批判性思维虽然敢于、善于质疑和辨析，但也不是否定一切的态度，它其实是一种积极的、建设性的思考方式。这种思考方式可以使工作者通过不断地提问、不断地质疑，来促使自己深入思考，跳出盲目跟从的思维模式。

工作者要涵养批判性思维，需要打破权威型思维定势。所谓权威型思维定势，就是在对事物的认知和对是非的判定上，缺乏自我独立思考的意识，而盲目地依附于权威。

权威虽然使工作者节省许多探索的时间和精力，但如果工作者过分地迷信权威，唯权威之言而是听，就会墨守成规，不能根据具体情况寻求解决问题的新方法，影响问题的解决。

（三）要用独立思考来矫正盲目跟从思维

关于"独立思考"的重要性，德国著名哲学家亚瑟·叔本华说得很清楚。他说:"一种纯粹靠读书学来的真理,与我们的关系,就像假肢、假牙、蜡鼻子甚或人工植皮。而由独立思考获得的真理就如我们天生的四肢:只有它们才属于我们。"

独立思考,思维才不能僵化。思维僵化,实质上是指思维方式的僵化。所谓思维方式的僵化,就是思维方式单一、封闭、静止。其表现形式是形而上学思维、教条主义思维、单一演绎思维、盲目跟从思维。

形而上学思维,是用孤立的静止的和片面的观点去看世界,认为世界上一切事物都是彼此孤立的和永远不变的。

教条主义思维,是抱住昨天的理论不放,墨守成规,唯书、唯上。书本上没有的,文件上没有的,"老祖宗"没有讲过的,就不敢多讲一句话,多做一件事,一切照搬照抄。

单一演绎思维,是一切行动都是以既定的典型、榜样的经验来指导和规范,而不是根据自身的具体情况,通过总结自身工作中的经验教训,来发现问题、解决问题。

在人类逻辑思维中,有两个方向不同,且又是不可分割的思维方法,这就是归纳思维和演绎思维。归纳思维是由一系列具体的事实概括出一般原理的思维方法;演绎思维是由一般原理推出关于特殊情况下的结论的思维方法。

实践证明，对客观事物规律的深入认识，必须通过归纳和演绎的不断交替反复才能实现，如果割裂归纳和演绎之间的必然联系，以单一的演绎思维去认识和改造客观世界，就会造成思维的僵化。

单一的演绎思维会使思维形成惰性，使工作者墨守成规。因为反正上面有典型引路，有现成的模式可循，大胆创新成了"费力不讨好"的苦差事，长此以往，便失去了开拓创新的朝气，也就丧失了批判性思维的土壤。

善于独立思考，要培养质疑意识。"学起于思，思源于疑"。只有疑问，才能激发探究的欲望。西方哲学史曾经记载过这样一则故事：

一天，罗素问大哲学家穆尔："谁是你最好的学生?"穆尔毫不犹豫地回答："维特根斯坦。""为什么?""因为，在我所有的学生当中，只有他一个人在听课时总是流露出迷茫的神色，老是有一大堆问题问我。"

后来，维特根斯坦的名气超过了罗素。于是，有人问维特根斯坦："罗素为什么落伍了?"维特根斯坦回答道："因为他没有问题了。"

古人认为："疑乃觉悟之机。大疑则大悟，小疑则小悟，不疑则不悟。"大的疑问会带来大的觉悟，小的疑问会带来小的觉悟，没有疑问则不会有觉悟。如果不善于质疑，只是一味地相信，"凡是书本上写的便是正确的，凡是前人说的便是真理，迷信书本，崇拜前人，不敢越雷池一步"，这样的人，自然不会有什么独到的见解。

▌延伸阅读

毛毛虫之死

法伯是法国著名的科学家。他曾经做过一个著名的"毛毛虫"试验。这种毛毛虫有一种"跟随者"的习性，总是盲目地跟随着前面的毛毛虫走。

试验中，法伯把一些毛毛虫放在一个花盆的边缘上，首尾相接，围成一圈，并在花盆周围不到 6 英寸的地方撒了一些毛毛虫最爱吃的松针。毛毛虫开始一个跟一个，绕着花盆一圈又一圈地走。一小时过去了，一天过去了，毛毛虫们还不停地坚韧地团团转。又过了六天六夜，它们终于因为饥饿和精疲力竭而死去。

实验结束后，法伯在笔记中写下了这样一句

耐人寻味的话:"在这么多毛毛虫中,其实只要有一只稍与众不同,便立刻会避免死亡的命运。"

盲目跟从思维常常使人们陷入僵局,甚至置人们于死地。毛毛虫之死告诉我们的就是这个道理。

第八章

面对"两难问题"的破解策略

所谓"两难问题",就是该问题有两种选择,但不管是哪一种选择,都有利有弊。真是左也不好,右也不是,无论怎样做都有难处。能否破解两难问题,体现了一个工作者解决问题的最高境界。可以说,善于破解两难问题的人,都会成为职场的赢家。

一、破解"两难问题"的首要一环

工作者要破解"两难问题",首要的一环,就是要进行深入细致的调查研究。工作者通过深入细致的调查研究,可以获得最充分的数据、最翔实的资料、最正确的信息,这就为破解"两难问题"打下了良好的基础。

（一）解决"两难问题"的核心手段

客观世界是复杂的，认识复杂的客观世界不是一件很容易的事情，而解决复杂的客观世界存在的问题，尤其是"两难问题"，更是难上加难。而要化解这系列的难题，一个重要的手段就是调查研究。

工作者要了解社会问题，了解情况，要解决"两难问题"，不能坐在办公室里喝茶、饮咖啡想办法；不能躺在床上、安乐椅上冥思苦想找主意，而是要走到田间地头，奔向工厂车间，到基层群众中间去。

工作者应该迈开两脚，到自己工作范围的各部分各地方去走走，也可以召集那些明了情况的人来开个调查会，通过调查研究，没有解决不了的问题。

"耳闻之不如目见之，目见之不如足践之。"各种问题的解决都取决于正确的决策，而正确的决策来源于对客观实际情况的调查研究。

关于通过调查研究解决"两难问题"的问题，毛泽东早就给出了方法。他说："许多做领导工作的人，遇到困难问题，只是叹气，不能解决。他恼火，请求调动工作，理由是'才力小，干不下'。这是懦夫讲的话。迈开你的两脚，到你的工作范围的各部分各地方去走走，学个孔夫子的'每事问'，任凭什么才力小也能解决问题，因为你未出门时脑子是空的，归来时脑子已经不是空的了，已经载来了解决问题的各种必要材料，问题就是这样子解决了。一定要出门吗？也不一定，可以召集那些明了情况的人来开个调查会，把你所谓困难问题的'来源'找到手，'现状'弄明白，你的这个困难问题也就容易解决了。"①

（二）要用科学思想来指导调查研究

有效的调查研究离不开科学思想的指导。这种科学的指导思想就是马克思主义。习近平新时代中国特色社会主义思想是当代中国马克思主义、21世纪马克思主义，因此，在新时代，工作者必须用习近平新时代中国特色社会主义思想来指导调查研究。

工作者进行调查研究，一定站在马克思主义的立场上，即无产阶级和广大人民群众的立场上，坚持用马克思主义的观点来认识问题、分析问题和解决问题，并坚持一切从实际出发，具体问题具体分析，实事求是。1941年3月，毛泽东就提出，"用马克思主义的基本观点，即阶级分析的方法，作几次周密的调查，乃是了解情况的最基本的方法"②。只有把思想方法搞对头，才能有效地指导调查

① 《毛泽东选集》第1卷，人民出版社1991年版，第110页。
② 《毛泽东农村调查文集》，人民出版社1982年版，第15页。

研究。

（三）调查研究必须要坚持实事求是

实事求是，是我们党的优良传统和作风，也是做好一切工作的重要原则。我们党就是靠实事求是起家和兴旺发展起来的。正如邓小平所指出的："过去我们搞革命所取得的一切胜利，是靠实事求是；现在我们要实现四个现代化，同样要靠实事求是。"

工作者要搞好调查研究，必须有实事求是的态度。只有实事求是，才能"不唯上，不唯书，只唯实"。这就要求工作者在调查研究工作中，要以客观事实为依据，并大量地占有材料，认真地核实材料，要找出事物的内部联系和外部联系，全面地、本质地看问题。否则，虽然调查了，但由于调查得不深入、不细致，依然会得出与实际情况不相符合的调研结果。

老一辈无产阶级革命家董必武同志，就是坚持实事求是调查研究的典范。

1955年金秋时节，最高人民法院院长董必武下乡视察路过兰州，在听取政法部门汇报中得知了一个案件：这年6月，宕昌县连降大雹雨，农作物受灾，群众自发在庙宇前鸣锣聚众，求神止雹，并搭戏台唱戏还愿。乡政府知道后，便派干部赶来强行停演，并与群众发生了争执。结果，造成戏台倒塌压伤群众的事故。一些群众一气之下殴打和捆绑了乡干部。为此，县人民法院以"利用迷信煽动群众篡夺政权的现行反革命罪"，判处四人死刑，一人无期徒刑和二人有期徒刑。

董必武听完汇报后，建议重新调查，并当场挥笔写下了下面这副对联：

> 提高警惕，肃清一切特务分子；
>
> 防止偏差，不要冤枉一个好人。

甘肃省政法部门根据董必武同志的指示，立即组织三级工作组深入实地调查，实事求是地作出结论：原判七人均教育释放。避免了一起大错案。

▌延伸阅读

奥卡姆剃刀定律

奥卡姆剃刀定律，就是"简单有效原理"。该定律是由14世纪逻辑学家威廉提出来的。他在《箴言书注》2卷15题中说："切勿铺张较多的东西去做用较少的东西同样可以做好的事情。"

概括起来就是"如无必要、勿增实体"。这其实是威廉的"思维经济原则"。因为威廉是英国的奥卡姆人,人们称这个定律为"奥卡姆剃刀定律"。

当时,欧洲的学术界和宗教界对于"共相"和"本质"的抽象概念进行着无休无止的争论。共相,指的是可以应用于多个个别事物的概念,例如"梨"这个概念,可以应用于所有的梨;本质,则是指事物固有的性质或特征。当时的学者分为实在论者和唯名论者两派,实在论者认为共相是真实存在的,而唯名论者则认为只有个别事物是真实的,共相只是名称或概念。

作为唯名论者的威廉,对这些争论感到厌倦,他主张只承认确实存在的事物,多余的抽象概念是没有必要的,应该被"剃除"。

奥卡姆剃刀定律看起来有些深奥,通俗点说,就是有两种办法都可以解决一个问题的时候,要选择那个简单的办法。空洞无物的普遍性要领都是无用的累赘,应当被无情地"剃除"。也就是复杂问题简单化,两步可以做成的事情,就不要三步。

二、善于理性全面深入的思考

工作者要破解"两难问题"，必须在调查研究的基础上，对调查了解到的情况和破解后的结果、后果等进行全面而深入地思考。思考的关键点是：

（一）价值审查

破解"两难问题"，工作者必须首先审查价值问题。这种价值既有经济价值，也有社会价值，还有道德价值。

虽然价值审查并非一定能轻而易举地产生价值问题的答案，但是，这种分析方法的使用，有助于扩大实践中破解"两难问题"的前景。

工作者要以全心全意为人民服务为宗旨，来统筹全面考量经济价值、社会价值和道德价值，并处理好各价值之间的冲突，最终维护好党的核心价值。党的核心价值，就是坚持立党为公、执政为民，实现好、维护好、发展好最广大人民的根本利益。

（二）结果评估

工作者破解"两难问题"，还必须评估破解"两难问题"之后可能会导致的所有结果。

工作者在处理"两难问题"时，"都会从成本与效益或者成本与风险的角度出发。这意味着我们要看到所有的选择，评估其所有可能的结果，然后试着找出对所有人都是最好的选择。"①

这就是说，工作者正确处理"两难问题"，要抛弃个人利益，尽可能公正、客观，把自己所做的决定可能导致的所有结果考虑在内。"试着从所有能影响我们作为人的感受来理解结果：希望、快乐、安全、免于危险、友谊和爱、危机、苦痛和梦想。"② 而不要把事情过度简单化。

总之，当工作者最后不得不作出决定时，"你也要确保你已经对你的选择可能出现的结果进行了具体的、充分想象过的、丰富的且充满同情心的思考。"③ 不仅如此，你要考虑到所有利益相关者需要的、想要的、恐惧的和真正关心的东西。

---

① 小约瑟夫·巴达拉克：《灰度决策——如何处理复杂、棘手、高风险的难题》，唐伟、张鑫译，机械工业出版社 2018 年版，第 17 页。

② 小约瑟夫·巴达拉克：《灰度决策——如何处理复杂、棘手、高风险的难题》，唐伟、张鑫译，机械工业出版社 2018 年版，第 19 页。

③ 小约瑟夫·巴达拉克：《灰度决策——如何处理复杂、棘手、高风险的难题》，唐伟、张鑫译，机械工业出版社 2018 年版，第 19 页。

（三）原则标准

工作者处理任何问题都应该秉持着一定的原则标准，破解"两难问题"也不例外。因此，全面而深入地思考，也需要思考用什么样的原则标准来处理"两难问题"。

党的全心全意为人民服务的宗旨决定了工作者处理"两难问题"的原则标准，是遵纪守法、公平公正。

处理"两难问题"，必须遵纪守法来处理。这是底线。即使是权宜应变，也不能突破党纪国法的底线。要清楚，其他的权威可以挑战，党纪国法的权威不能挑战。这是至高无上的权威。

说到法律是至高无上的权威，我们不妨看一下1866年德国波茨坦发生过的一起"磨坊主告倒国王"的故事。

1866年10月13日，普鲁士国王威廉一世在近卫军们的陪同下登上了波茨坦行宫的顶楼。

登高远望，他发现一间磨坊挡住了自己的视线。于是，他轻蔑地命令道："拆掉它！"

当近臣告诉他这间磨坊是私产时，他仍不屑一顾地说："买下来，再行拆除！"

近臣去找磨坊主商量，磨坊主不卖。因为磨坊是他的祖传家业，多少钱都不卖。

威廉一世很生气，下令拆除了磨坊。国王的野蛮拆除，激起了磨坊主和当地百姓的愤怒。磨坊主一纸诉状把威廉一世告上了普鲁士最高法院。

对于普鲁士最高法院的法官来说，面对的就是"两难问题"。但最后，法官遵从了法律。

法院判决，国王擅用王权拆毁私人房屋，违反了帝国宪法第79条第6款，应立即重建磨坊，并赔偿损失150塔勒。

威廉一世败诉后，服从了法院的判决。这就是西方法律史上的著名的"磨坊主告倒国王"的故事。

处理"两难问题"，还必须公平公正。公者，无私之谓；平者，无偏之谓。"公正"主要是维护正义，防止徇私舞弊。公平公正的核心要义是平等、无私和中立。

隋朝人王通在其《中说》中云："无私，然后能至公；至公，然后以天下为心矣。"

康熙五十九年（公元1720年），陕西闹了灾荒。朝廷拨出五十万两银子作为赈灾款，并下旨酌情开仓赈济灾民，由正在陕西佐理军务的施仕纶统理赈灾事宜。

施仕纶接到命令，立即将赈灾人马分为12路，叫他们"按户分给，远近皆遍"。在赈灾过程中，施仕纶发现，全陕粮仓大多都被虚耗掉了。于是，他便决定奏劾总督鄂海。

鄂海闻讯，找到施仕纶，暗示他说："您的儿子施廷祥是会宁县的知县，一旦奏劾我，您儿子也脱不了干系。"施仕纶告诉他："吾自入官，身且不顾，何有于子！"随后就奏劾了鄂海，将鄂海拉下了马。

施仕纶面对着的就是"两难问题"。奏劾总督鄂海，会涉及到自家儿子；保护自己的儿子，不奏劾总督鄂海，会愧对百姓。

施仕纶坚守了公平公正的原则。施仕纶爱他的儿子是无疑的，但为了百姓的利益，为了国家的利益，他不怕总督鄂海的威胁，将亲子之情置之一边，以无畏无私的精神大胆地奏劾了鄂海，将贪官污吏鄂海拉下了马。

改革开放 40 周年政法系统新闻影响力人物、南昌市西湖区筷子巷派出所民警邱娥国常说："公与私、得与失、大家与小家的冲突是免不了的，但作为共产党员，除了原则，你别无选择。"

一次，邱娥国调解的一起民事纠纷的一方恰巧是他战友的亲戚。在部队头顶头睡了七八年，战友觉着老邱怎么也得给他个面子。可邱娥国压根没理这个茬。

事后，战友找邱娥国"理论"。邱娥国诚恳地说："好兄弟，求你支持支持我。我要是丢了'公正'，怎么向群众交待？"

邱娥国在心里反复掂量过，得罪了兄弟、朋友，只不过自己不好受；辜负了群众，损害了党的威信，那才是天大的损失。

邱娥国说得好："作为共产党员，除了原则，你别无选择。"的确，中国共产党除了最广大人民的利益，没有自己特殊的利益。因此，他必须在自己的一言一行中，大公无私。

清朝时，两淮盐运使卢雅雨由于管理不善，使上缴国库的盐款出了亏空，受到御史的严参。这在当时是很大的罪名。按照清朝的规定，凡是在财政上出现亏空，就要查抄主管管员的家产作为补偿。

乾隆对这件事很震怒，打算严办卢雅雨，籍没他的家产。

大学士纪昀是卢雅雨的儿女亲家，知道皇上的意思后，就给卢雅雨写了封信，让家人火速送去。卢雅雨接到信，只见信函外用面糊加盐粘合，信函中里里外外没有写一个字，仅装有少许茶叶。他知道这是纪昀捎来的一封哑迷信。经过大半天的冥思苦想，卢雅雨终于弄明白了，这封信的意思就是六个字"盐案亏空查抄"。他马上转移了家产。等到朝廷派人查抄时，财产已寥寥无几。

事发后，乾隆问明原委，立即将纪昀发配到乌鲁木齐。

纪昀作为一位学者，是杰出的。但在处理"两难问题"的公与私关系的问题上，却不怎么样。他不能大公无私，而是以职谋私。利用在朝廷工作能及时获得绝密信息之机，为儿女亲家通风报信。这种营私舞弊行为是人们所不齿的。

▎延伸阅读

沈浩的选择

2004 年 2 月，沈浩同志被安徽省委组织部、省财政厅选派到小岗村担任村党委第一书记。

来到小岗村，沈浩很快就实现了从"城里人"到"村里人"的角色转变。他走村串户了解民情，和农民肩并肩地修路办厂。

三年任期，他带领小岗村的群众修平了路，启动了小岗村的农家乐旅游服务，小岗村的百姓也逐步走向了富裕。

然而，沈浩的任期却到了。"当年我们杀头、坐牢都不怕，可沈浩要走，我们真怕了。""大包干"带头人严金昌说。

严宏昌等几个人一合计，带着一封按下了98个红手印的信找到省委组织部和财政厅，恳请留下沈浩。

走，还是留，沈浩焦灼不安，选择两难。沈浩选择了留下。一干又是三年。

三年转瞬即逝。第二个三年任期又要到了。是走，还是留？无尽的牵挂，一样的深情，再一次让沈浩难以抉择。小岗村的百姓再一次按下了红手印，真情地挽留。

想走。离家6年，太长了……沈浩是出了名的孝子。90岁的老娘，他特别牵挂。女儿盼着爸爸回家；妻子王晓勤盼望着夫妻早日团聚，不同意沈浩留任。

想留。小岗村的父老乡亲又让他牵肠挂肚……

在人民利益和个人利益面前，沈浩选择了人民的利益。他留在了小岗村。而且永远地留在了那里。

"两任村官呕心沥血带领一方求发展，六载离家鞠躬尽瘁引导万民奔小康。"这副长长的挽联，浓缩了沈浩人生最后的光辉时光。

三、避免"布里丹毛驴效应"

布里丹（1295—1358）是法国的哲学家。他的闻名于世，据说是源于他用一头驴证明了在两个相反而又完全平衡的推力下，要随意行动是不可能的。

布里丹养了一头毛驴。某一日，布里丹在它的面前放了两捆等量等质的干草。结果，这头驴在两捆干草之间犹豫着，最后饥饿而死。后来，人们就把这种犹豫不定、迟疑不决的现象称之为"布里丹毛驴效应"。

工作者破解"两难问题"，容易陷入布里丹毛驴效应。事实上，"鱼和熊掌不可兼得"。想两全其美，却往往导致鱼和熊掌皆失去。破解"两难问题"，工作者要避免陷入布里丹毛驴效应，就要注意有关问题。

（一）善于权衡利弊得失

权，是秤砣；衡，是秤杆。权衡，是比较，衡量。权衡利弊得失，是说决断、决策时，先要比较一下，哪一个有利哪一个有害，懂得轻重，再做出选择，审慎处理，这样才能稳操胜券。

　　《鬼谷子》有言："故计国事者，则当审权量"，"量权不审，不知强弱轻重之称"。鬼谷子认为，谋划国家大事的人，应当懂得权衡利弊得失，不懂得权衡利弊得失，就不知道强弱轻重之别，这样的人难谋国家大事。

　　权衡利弊的根本原则是"两利相衡取其重，两害相衡取其轻"；也就是说，两种利益同时放在面前，要选择利益较大的那种；两种损害同时放在面前，要选择伤害较轻的那种。一言以蔽之，"利之中取大，害之中取小"。"利之中取大，害之中取小"，是墨子从实践中概括出的权衡利弊的原则。

　　《墨子·大取》篇中云："断指以存腕。利之中取大，害之中取小也。害之中取小也，非取害也，取利也。其所取者，人之所执也。遇盗人，而断指以免身，利也。其遇盗人，害也。"

　　这段话的意思是说，在不得已的情况下，宁肯断掉一个手指头，也要争取保存手腕。在利中是取大的，在害中是取小的。所谓"害中取小"，在一定意义上可以说不是"取害"，而是"取利"。所谓"取"，是指人对事物的把握和取舍。遇到强盗，被迫断掉一个指头，以保全生命，就保全生命这一点来说是利，就遇到强盗这一点来看，被迫断掉一个指头来说那就是害。

"利之中取大，害之中取小"，是有主动被动之区分的，前者主动从容选择；后者迫不得已取舍。

利害如何确定？主要看价值取向。价值选择是利弊选择的实质。一个人的行为离不开某种价值准则，他在选择了某种价值的同时，也就在利弊之间做出了选择。

（二）避免尽善尽美陷阱

处理"两难问题"，其结果不可能尽善尽美。如果盲目地追求尽善尽美，就可能在犹豫徘徊的过程中丧失解决的机遇。本意是想鱼和熊掌兼得，最后可能鱼和熊掌皆无。

2003 年 12 月 23 日，重庆市开县（今开州区）高桥镇的川东北气矿 16H 井发生特大井喷事故，事故造成 243 人死亡、4000 多人受伤，疏散转移 6 万多人，9.3 万多人受灾。①

事故的发生有多种原因，但"未能及时、有效地采取预控措施，把事故控制在萌芽状态，是导致事故扩大和升级的主要原因"。

公司应急指挥中心主任、总工程师吴华"对事故的危

① 郭立、黄豁、陈敏：《背景：中石油川东北气矿"12·23"井喷特大事故》，新华网，2004 年 7 月 14 日。

害性认识不足，在应急处理时没有把事故现场周围群众的生命安全放在首位，导致决策出现重大错误，未能及时放喷点火制止含有高浓度硫化氢的天然气扩散，致使井喷事故扩大，产生重大人员伤亡。从而使重庆 12·23 气矿井喷事故从一个一般安全事故发展为一个令世界震惊的特大事故，也是世界石油天然气开采史上最惨痛的事故之一"①。

从上述文字中我们可以看到，如果吴华能够及时疏散事故现场周围群众，或者及时放喷点火制止含有高浓度硫化氢的天然气扩散，都不会造成这样的重大事故。没有如果，只有后果。

看过一首名为《做天难》的诗。诗中云："做天难做四月天，蚕要温和麦要寒；行路望晴农望雨，采茶娘子望阴天。"

在诗人看来，别说做人难，做天也不容易。就像那四月的天气。蚕需要生长要温和，麦子需要灌浆要寒冷；行路的人希望晴天，种田的人希望下雨，采茶的女人则希望阴天。

老天这不仅陷入了两难，这是面对着多难。真是众口

---

①　林善浪：《重庆 12·23 特大井喷事故及其处置的教训》，人大经济论坛，2009 年 4 月 10 日。

难调。老天不容易。

既然老天都不容易，何况我们一般的人呢。所以，工作者在破解"两难问题"的时候，要向最好的方向努力，但也要勇于承担某种不完善不完美。

（三）可选择第三条道路

破解"两难问题"，的确让人头痛。因为无论选择哪一种，都有利有弊。那怎么办？走第三条道路也许是一个可选择的策略。破解"两难问题"，不必做"非此即彼""非黑即白"的选择，而且这种选择也未必是最好的选择。如果走第三条道路，或许柳暗花明又一村。

网上有个段子：一个学员考驾照。考官问：如果你在开车的时候，有一个人和一只狗分别在你前方，请问你是撞人还是撞狗？

那个学员想都不带想：当然是撞狗了。考官笑着对他说：对不起，你不及格。学员很不解：为什么呀？考官说：很简单，谁都不要撞，你应该选择刹车。

选择刹车就是第三条道路。其实，历史上著名的围魏救赵之计也是选择第三条道路。据《战国策·齐策一》记载：

战国时（公元前353年），魏国围攻赵国的都城邯郸。

赵国向齐国求救。齐威王（即田侯）把大臣们召来进行谋划。齐威王问大臣们："救赵国还是不救?"邹子说："不救为好。"段干纶说："不救，对我们不利。"田侯问："为什么?"段干纶回答说："如果魏国兼并了邯郸，那对我们齐国又有什么好处呢?"齐威王说："好!"于是发兵去救赵国。并下令："在邯郸郊外驻军。"段干纶说："我说救赵有利或不利，并不是说直接出兵邯郸。解救邯郸之围，驻军邯郸郊外，是赵国不会被攻下来而魏国依旧是魏国。所以咱们不如往南去攻打魏国的襄陵来削弱魏国，那样的话虽然邯郸被攻下，而我们攻魏，魏军回救，也一定疲惫不堪，就一定能够跟魏国打场胜仗!（这样赵魏都被削弱了，而齐国没什么损失却利益最大化）"田侯说："妙计!"于是发兵南下攻打魏国襄陵。七月，邯郸被魏国攻下。疲惫的魏军返回救襄陵时，齐军在桂陵大败魏军!

救赵国? 还是不救赵国? 救赵国，怎么救? 齐威王陷入了"多难"。段干纶的计策给齐威王破了局。"南攻襄陵以弊魏，邯郸拔而承魏之弊，是赵破而魏弱也!"赵、魏争斗，势力削弱，而齐国什么损失都没有，而利益却最大化了。

古时候有个故事:一家有父子两人。一天早晨，父亲派儿子去城里打酒。儿子走到城门口，跟正在出城门的人相遇了。两个人互不相让，一直站到中午。

家中的父亲见儿子迟迟不归，便前去寻找。他到了城门口，了解了情况后，便对儿子说："你先回去吃午饭，让我来替你站着。"

故事中的父子俩人真够执着的，执着得退后一步都不肯。让人既觉着好笑，又觉着好气。

事实上，当今工作中也不排除这样的人，思考问题一根筋，非黑即白。

工作者在破解"两难问题"时，应该坚持不懈，有韧劲，不达目的决不罢休。但有韧劲，并非是要在一棵树上吊死，而应该学会两条路都走不通的时候，走第三条路。"换一个地方打井"。"换一个地方打井"，是著名的思维学家、"创新思维之父"德·波诺提出的概念。

这个概念的意思非常明确，就是在碰到难以解决的问题时，不要一条道走到黑，要学会走另一条路。

▌延伸阅读

葛第士绳结

相传，古希腊的佛里几亚国王葛第士以非常

奇妙的方法在战车的轭上打了一串结。他预言：谁能打开这个结，就可以征服整个亚洲。一直到公元前334年，还没有人能打开。

这时候，亚历山大率大军侵入小亚西亚，他来到葛第士绳索前，不假思索便拔剑砍断了绳结。后来，他一举占领了比他的国家大50倍的波斯帝国。

亚历山大为什么能够打开葛第士结？除了他那果敢的性格外，更重要的是他完全抛弃了传统的思维方式。别人在"解"上作文章，他则挥刀断之。这一"解"一"砍"表明了亚历山大的思维异于常人。

|第九章|
工作者解决问题必备的能力要求

　　工作者要解决实际问题，需要具备哪些能力？2020年10月10日，习近平总书记在中共中央党校（国家行政学院）秋季学期中青年干部培训班开班式上的讲话中强调，"要提高政治能力、调查研究能力、科学决策能力、改革攻坚能力、应急处突能力、群众工作能力、抓落实能力，勇于直面问题，想干事、能干事、干成事，不断解决问题、破解难题。"习近平总书记提出的这七种能力，我在人民出版社出版的《提高七种能力　解决实际问题》一书中，做过专门的论述，这里就不再赘言。我仅就预防问题出现的能力、防范政治风险的能力、准确把握政策的能力，卓有成效的沟通能力，做些解说。

一、预防问题出现的能力

美国投资家查理·芒格有一句名言："我们能够成功，不是因为我们善于解决难题，而是因为我们善于远离难题。我们只是找到了容易做的事情。"

工作者要做好工作，预防问题出现的能力尤为重要。工作者通过有效的预防措施，可以大大降低问题发生的概率，减少损失，保障人民生命财产安全和社会稳定。

（一）保持清醒头脑，强化底线思维

底线思维，是认真评估可能会遇到的风险，估算出可能出现的最坏情况的一种思维方式。换一句话讲，就是凡事从坏处准备，努力争取最好的结果，做到有备无患、遇事不慌，牢牢把握主动权。这是"有守"和"有为"的有机结合。

工作者强化底线思维的意义在于，面对客观现实，接受出现的最差情况，意识到一旦处于底线的位置，唯一能做的事就是全力拼搏向上，否则，就会产生严重的危害。

底线思维是我们党一直秉持的思维方式。毛泽东多次强调，要在最坏的可能性上来建立我们的政策。邓小平在改革开放之初，也指出，我们要把工作的基点放在出现较

255

大的风险上，准备好对策。在新时代，习近平总书记也反复强调底线思维。他强调，要"深刻认识和准确把握外部环境的深刻变化和我国改革发展稳定面临的新情况新问题新挑战，坚持底线思维，增强忧患意识，提高防控能力，着力防范化解重大风险"①。

毛泽东非常善于运用底线思维来运筹帷幄。1945年4月23日至6月11日中共七大在延安召开。此时，"世界反法西斯战争即将迎来最后的胜利，国际国内形势呈现出一片光明的景象。在欧洲战场上，德国法西斯于5月8日战败投降；在亚洲战场上，日本帝国主义日暮途穷，垂死挣扎；在国内敌后战场上，中国共产党领导广大人民开展如火如荼的局部反攻。此时，中国共产党拥有着121万党员、91万军队、220万民兵和接近1亿人口的19块根据地，已经成为'中国人民抗日救国的重心'，'中国人民解放的重心'，'打败侵略者、建设新中国的重心'。中国共产党的力量空前发展，全党在政治上、思想上和组织上空前团结。"②

面对抗战即将胜利的大好形势，毛泽东却始终保持着

① 《习近平著作选读》第二卷，人民出版社2023年版，第244页。

② 朱薇：《毛泽东在中共七大前后是怎样坚持底线思维谋划和推动工作的》，《党的文献》2020年第2期。

清醒的头脑。认真思考可能会遇到的各种"最坏"的局面。他在中共七大上作的"结论"中列出的可能遭遇的"十七条困难"，就是他思考的结果。他强调要"准备吃亏"，在看到光明的同时，"更要准备困难"。

第一条，"外国大骂"。第二条，"国内大骂"。第三条，"准备被他们占去几大块根据地"。第四条，"被他们消灭若干万军队"。第五条，"伪军欢迎蒋介石"。第六条，"爆发内战"。第七条，"出了斯科比，中国变成希腊"（斯科比是当时英国派驻希腊的英军司令，1944 年 12 月，斯科比指挥英军并协助希腊政府进攻长期英勇抵抗德军的希腊人民解放军，屠杀希腊爱国人民）。就是说，有外国力量干涉中国内政，帮助蒋介石打我们。第八条，"不承认波兰"，即我们党的地位"得不到承认"。第九条，"跑掉、散掉若干万党员"。第十条，"党内出现悲观心理、疲劳情绪"。第十一条，"天灾流行，赤地千里"。第十二条，"经济困难"。第十三条，"敌人兵力集中华北"。第十四条，"国民党实行暗杀阴谋，暗杀我们的负责同志"。第十五条，"党的领导机关发生意见分歧"。第十六条，"国际无产阶级长期不援助我们"。第十七条，"其他意想不到的事"。①

---

① 曹普：《毛泽东善用底线思维》，《中国组织人事报》2016 年 8 月 29 日。

在列举这些困难的时候，他希望全党尤其是党的高级负责干部，要透彻地想好，"准备对付非常的困难，对付非常的不利情况"。

毛泽东在列举了十七条困难之后，又讲了保证"我们一定要胜利"的八个方面的"光明面"，包括：第一，"暂时吃亏，最终胜利"；第二，"此处失败，彼处胜利"，"东方不亮西方亮，黑了南方有北方"；第三，"一些人跑了，一些人来了"；第四，"一些人死了，一些人活着"；第五，"经济困难就学会做经济工作"，"自己动手，发展生产"；第六，"克服天灾，太行有经验，共产党会捉蝗虫"；第七，"党内发生纠纷，使我们获得锻炼，来一次大纠纷，就是一次大锻炼"；第八，"没有国际援助，学会自力更生"，等等。①

坚持"两点论"，既能看到不利一面，又能看到有利一面，是底线思维的本质特征。毛泽东在七大"结论"中的"十七条困难"和八个方面的"光明面"就是底线思维的结果。

中共七大在充分估计到最坏可能的基础上，看到了"光明面"，并据此确定了党的政治路线，即"放手发动群

---

① 曹普：《毛泽东善用底线思维》，《中国组织人事报》2016 年 8 月 29 日。

众，壮大人民力量，在我党的领导下，打败日本侵略者，解放全国人民，建立一个新民主主义的中国"。

坚持底线思维，做最坏、最困难情况的准备，是为了谋得最好的前途和结果。因此，工作者在解决问题的过程中，不妨设想一切可能的困难，设想会遇到的各种麻烦。然后，未雨绸缪，准备对策，解决困难，化解麻烦。

工作者"必须保持清醒头脑、强化底线思维，有效防范、管理、处理国家安全风险，有力应对、处置、化解社会安定挑战"①。党的十八大以来，习近平总书记多次强调要坚持底线思维，告诫全党时刻牢记"安而不忘危，存而不忘亡，治而不忘乱"。

"安而不忘危，存而不忘亡，治而不忘乱"出自《周易·系辞下》，意思是说，君子在国家安定的时候，不要忘记危险；在国家存在的时候，不要忘记败亡；在国家大治的时候，不要忘记变乱。强调当政者要有忧患意识，对可能威胁国家前途命运的困难和危险时刻保持高度警惕。

（二）能"图之于未萌，虑之于未有"

"图之于未萌，虑之于未有"，是唐朝著名政论家柳泽

---

① 《习近平谈治国理政》，外文出版社 2014 年版，第 202 页。

给唐睿宗李旦的一封奏疏中的一句话,意思是说,在祸患没有萌发之前就预先准备,在灾难没有到来之时就预先防备。

柳泽给唐睿宗上的这封奏疏,主要是谈论皇太子,也就是后来的唐玄宗李隆基的教育培养问题。李隆基虽然能够联合镇国太平公主,在错综复杂、稍瞬即变的政局中一举拿下韦皇后、安乐公主,但他也存在着贪图奢侈享受,热衷音乐歌舞,喜欢打猎游玩等毛病,这些毛病让柳泽十分担忧。他担心李隆基登上皇位之后,把这些毛病带上权力的巅峰,那将是大唐的灾难。因此,他给唐睿宗上了这封奏疏,希望睿宗能注意到李隆基身上的这些毛病,并加以训导:

"伏惟陛下诞降谋训,敦勤学业,示之以好恶,陈之以成败,以义制事,以礼制心,图之于未萌,虑之于未有,则福禄长享,与国并休矣。"

这段话的意思是说,臣下谨言陛下颁布谋略和教诲,督促并勤勉学习,表明好恶,阐述成败,以道义治理国事,以礼仪规范内心,在祸患没有萌发之前就预先准备,在灾难没有到来之时就预先防备。这样的话,个人可以长保富贵,国家也可以永保太平。

这其实就是治未病,预判风险。《黄帝内经》说:"是故圣人不治已病治未病，不治已乱治未乱，此之谓也。夫病已成而后药之，乱已成而后治之，譬犹渴而穿井，斗而铸锥，不亦晚乎。"

《黄帝内经》是中医学的经典著作，这部著作提出了"治未病"的重要思想。这一思想强调在疾病尚未发生时采取预防措施，以及在疾病初期即进行治疗，以避免病情进一步恶化。如果病了才吃药，祸乱已经形成了才去治理，就像口渴的时候才想到挖井取水，等到打仗的时候才开始铸造兵器，不是太晚了吗？预判问题是防范问题产生的前提，把握问题走向是谋求主动解决问题的关键。

《三国演义》中刘备江东娶妻，诸葛亮就是"图之于未萌，虑之于未有"，帮助刘备抱得美人归的。

罗贯中在《三国演义》第五十四回描述的剧情是这样的：公子刘琦病逝，周瑜派鲁肃借吊丧之名来到荆州，实则是来讨回荆州的。因为先前刘备有言，"公子不在，即还荆州。"谁知诸葛亮一番言辞，让鲁肃和刘备立下了文书。文书中云，暂借荆州为本，待刘备"别图得城池之时，便交付还东吴"。

鲁肃再次悻悻而回。周瑜一看文书，知道又中了诸葛亮的计了。正无奈间，忽然听说刘备的老婆死了。周瑜立刻心生一计：利用孙权的妹妹骗刘备到东吴成婚，从而软禁刘备作为人质，以此来要挟诸葛亮交还荆州。

孙权派吕范前往荆州说媒，"欲招赘玄德为婿，永结姻亲，同心破曹，以扶汉室。"

刘备担心周瑜定计害他，"岂可以身轻入危险之地？"诸葛亮让他放宽心，保证略施小计，就让他既娶吴侯之妹，又保荆州不失。诸葛亮告诉刘备："吾已定下三条计策，非子龙不可行也。"于是，诸葛亮把赵云叫到身边，跟他耳语说："汝保主公入吴，当领此三个锦囊。囊中有三条妙计，依次而行。"赵云贴身收好锦囊，陪着刘备前往东吴。后来的结果是："周郎妙计安天下，赔了夫人又折兵！"

刘备前往江东娶妻时，诸葛亮就预料到其中要遭遇的风险。于是，他让赵云带着他的三个锦囊妙计，化解了危机。既保住了荆州，又让刘备在江东险地顺利娶妻。

（三）培养前瞻眼光，善于科学预测

工作者要提升预防问题出现的能力，应该培养前瞻眼光，善于科学预测。毛泽东在中共七大的结论中指出："坐在指挥台上，如果什么也看不见，就不能叫领导。坐在指挥台上，只看见地平线上已经出现的大量的普遍的东西，那是平平常常的，也不能算领导。只有当着还没有出现大量的明显的东西的时候，当桅杆顶刚刚露出的时候，就能看出这是要发展成为大量的普遍的东西，并能掌握住它，这才叫领导"。①

工作者具有前瞻眼光，才能看清天下大势，正确地分析问题、解决问题。北宋著名文学家苏洵在《几策·审势》中写到："不先审天下之势而欲应天下之务，难矣!"意思就是说，连天下大势都看不清，怎么能应对天下事务?

工作者要具有一双"慧眼"，及时认清形势的发展变化。如果对形势发展变化认识模糊不清，势必会影响到自己对形势的判断，从而作出错误的决定。

科学预测不是算命先生。它是建立在丰富的阅历、渊博的知识、深入的调查、缜密的分析判断基础之上的。

延伸阅读

马蝇效应

马蝇效应，是说一匹懒惰的马，只要身上有马蝇叮咬，它也会精神抖擞，快速奔跑。它源自

---

① 《毛泽东文集》第 3 卷，人民出版社 1996 年版，第 394—395 页。

美国前总统林肯的一段故事。

1860 年，美国大选结束后不久，大银行家巴恩看见参议员萨蒙·波特兰·蔡思从林肯的办公室走出来，就对林肯说："你不要将蔡思选入你的内阁！"林肯问："为什么？"巴恩回答说："因为他认为他比你伟大得多"。"哦"，林肯说，"你还知道有谁认为自己比我还要伟大的吗？""不知道了"，巴恩说，"不过，你为什么这样问？"林肯回答："因为我要把他们全部纳入我的内阁"。

巴恩迷惑不解。林肯对他说："我在肯塔基老家时，有一天我跟我的兄弟一起犁玉米地，我牵马，他扶犁。那匹马很懒，慢腾腾地朝前走。突然，它开始狂奔，把我甩在后面。原来是一只马蝇叮在它的身上。"讲完这个故事，林肯意味深长地说："如果现在有一只叫"总统欲的马蝇正叮着蔡思先生，那么只要它能使蔡思不停地跑，我就不想去打落它！"

要说那个萨蒙·波特兰·蔡思，是个大能人，也是一个自以为是的家伙，他狂热地想入主白宫，但却败在林肯的手下，这让他很不爽，他不得已求其次，想当国务卿，而林肯却任命了西华德，他只好坐第三把交椅。

马蝇效应给人们带来的启示是：一个人只有时刻被叮咬着，充满压力，他才会不停地向前推进，他才不敢松懈，才会努力拼搏，不断进步。

二、防范政治风险的能力

政治风险主要包括政权风险、制度风险、政局风险、政策风险和对外关系风险，等等。防范政治风险的能力，是工作者解决问题必备的重要能力。"政治标准是硬杠杠。这一条不过关，其他都不过关。如果政治不合格，能耐再大也不能用。"① 工作者要提高防范政治风险的能力，关键是要善于从一般的客观具体事务中发现政治问题。

习近平总书记指出："提高政治能力，很重要的一条就是要善于从政治上分析问题、解决问题。只有从政治上分析问题才能看清本质，只有从政治上解决问题才能抓住根本。"②

---

① 习近平：《在全国组织工作会议上的讲话》，人民出版社 2018 年版，第 19 页。

② 习近平：《增强推进党的政治建设的自觉性和坚定性》，《求是》2019 年第 14 期。

宋代著名文学家苏轼在《关陇游民私铸钱与江淮漕卒为盗之由》中写道："治其本，朝令而夕从；救其末，百世不改也！"这段话的意思是说，从根本着手进行治理，政令将会迅速得到执行；若只从细枝末节进行治理，即使经过一百年也难以有所改变。强调的是抓问题要从根本上着手，不能只关注细枝末节。从政治上分析问题、解决问题，就是抓住了问题的根本，反之，就会陷入头痛医头、脚痛医脚的被动局面，而无法从根本上解决问题。

（一）增强政治敏锐性

敏锐，是感觉灵敏，眼光尖锐。所谓政治敏锐性，是指工作者对政治问题思想敏感，眼光锐利，能时时处处从政治上看问题、想问题，观察分析问题能首先把握政治因素。

政治敏锐性是工作者政治上成熟的标志。工作者具有了政治敏锐性，即便是某种政治事物刚刚萌芽，状况浑沌，性质不清，趋势不明，他也能看清起于青萍之末的风向，能够透过现象看到其本质。

工作者增强政治敏锐性，要善于对问题和现象进行政治上的思考。如果停留在表面现象，不去做政治上的思考，眼光是无法达到锐利的。

2018年2月7日，时任外交部发言人耿爽主持例行记者会，《华尔街日报》记者在现场就台湾花莲地震向耿爽提问："中国大陆方面提出帮助台湾地区应对地震。台湾方面是否已作出回应？"

对此，耿爽回击道："关于台湾花莲地震，这不是外交问题。国台办发言人已经就此发表谈话，你可以上网查询。"

这段对话显现出耿爽的政治敏锐性。从表面上看，《华尔街日报》记者提问的是台湾花莲地震问题，但实际上是给耿爽挖了一个"大坑"。耿爽如果直接回答了他的问题，就等于承认台湾问题不是内部事务。台独分子就会借此兴风作浪。《华尔街日报》记者问话的背后是非常毒辣的阴谋。耿爽以他敏锐的政治眼光，看穿并戳穿了这个记者的阴谋，维护了国家主权。

2022 年 8 月 9 日，时任外交部发言人汪文斌主持例行记者会。会上彭博社记者提问说："台湾'外交部长'……"

汪文斌告诉他："首先纠正你一点，台湾是中国领土不可分割的一部分，没有什么台湾外长，只有中国地方的外事部门负责人。"

彭博社记者的提问也同样是一个阴谋，但在具有敏锐政治眼光的外交部发言人汪文斌面前，这种阴谋根本不会得逞。

（二）增强政治鉴别力

鉴别，指通过仔细的观察或审视，分辨出事物的真假。所谓政治鉴别力，是指工作者通过对问题的仔细观察或审视，从政治上分清是非、辨别真假，区分善恶。

工作者增强政治鉴别力，必须善于观大势、察细微，在观察中思考、领悟，通过观察发现事物的本质，在察细微中，观察事物的变化、发现潜在性、隐蔽性、苗头性的问题，从而在第一时间作出正确判断，把握住工作的主动权。

1959年4月，毛泽东在中共八届七中全会上作了关于工作方法问题的重要讲话。他在讲话中指出："要善于观察形势，脑筋不要硬化。形势不对了，就要有点嗅觉，嗅政治形势，嗅经济空气，嗅思想动态。"①

工作者有政治嗅觉，才能嗅出政治形势的变化，嗅出经济空气的味道，嗅出思想动态的起伏。

毛泽东非常善于观察形势，非常有"嗅觉"。1949年3月，在党的七届二中全会上，他首次提出"两个务必"的思想，就是嗅出了当时党内的一些思想动态，而针对这些动态所提出的解决问题的措施。

---

① 中央文献研究室：《毛泽东关于领导方法和工作方法的论述》，中国共产党新闻网，2013年10月12日。

（三）增强政治洞察力

洞察，是看穿，能深入、清楚地察知事物的本质。所谓政治洞察力，是工作者能从政治上深入、清楚地察知一些事情的本来面目和它的本质特征。

增强政治洞察力，才能透过现象看本质，看问题入木三分。毛泽东在延安的一段故事给政治洞察力做了形象的注释。

1941年6月3日下午，陕甘宁边区政府召开的县长联席会议在杨家岭参议会礼堂举行。会议期间，突然电闪雷鸣，延川县代县长李彩云不幸被雷击身亡。事有凑巧，有位农民在赶集时，帮他拉东西的一头小毛驴也被雷给劈死了。他生气地当街破口大骂："瞎眼的老天爷，为甚不让雷公劈死毛泽东，偏要劈死李县长、劈死我的毛驴！"随后不久，陕甘宁边区的清涧县农妇伍兰花的丈夫在山上犁地时也遭雷击身亡，伍兰花一边痛哭一边污骂共产党，诅咒毛泽东。

当地干部把那个农民和伍兰花都抓了起来，准备严惩他们。毛泽东从社会部送呈的《情况汇报》中看到这两件事情之后陷入深思："为什么有这么多的人遭雷击？为什么他们都骂我毛泽东和共产党？雷击是因为天不好，而当时在陕甘宁边区共产党就是老百姓头上的天，我毛泽东又是共产党的主席，这说明我们党的有些政策不好，我这个主席也没当好。"他当即指示有关人员将骂他的两个人释放。

后来，毛泽东和党中央经过调查研究认真分析，发现陕北这么个不过一百三四十万人口的地方，一年就征收19万大担公粮。公粮征多了，人民负担太重，他们不满。随后，党中央、毛泽东及时作出决定，把公粮减为16万大担，同时开展军民大生产运动，自己动手，扭转缺衣少食的困难，根据地的老百姓生活也明显好转。正如毛泽东所说："这就迫使我们研究财政经济问题，下决心搞大生产运动，1942年公粮减少了，1943年也减少了，这就解决了问题。"

1977年7月21日，邓小平在党的十届三中全会上的讲话中也谈及"雷击"事件："对群众的议论，毛泽东同志是非常注意的。同志们总记得，在延安的时候，生产运动是怎么搞起来的。为什么提倡生产运动呢？原因之一就是当时征粮征多了，群众有怨言。我们好多共产党员听了心里非常不舒服。毛泽东同志看法不同，他说，讲得有道理，群众的呼声嘛！……他善于从群众这样的议论当中，发现问题，提出解决问题的方针和政策。"①

———————

① 《邓小平文选》第2卷，人民出版社1994年版，第45—46页。

这就是政治洞察力。对于群众的怨言,"我们好多共产党员听了心里非常不舒服",但毛泽东却从群众的怨言中洞察出背后隐藏的政治和经济问题,并及时加以解决。

工作者增强政治洞察力,要善于对问题和现象进行政治上的深度思考。不仅要看见他人能"看得见"的部分,更要看到他人"看不见"的部分,要知道,往往是"看不见的部分"决定了"看得见的部分"。

关于"深度思考",爱因斯坦说过这样一段话:"如果给我1个小时解答一道决定我生死的问题,我会花55分钟来弄清楚这道题到底是在问什么。一旦清楚了它到底在问什么,剩下的5分钟足够回答这个问题。"

深度思考是能触及事物本质的思考。有深度思考方能有深刻见解,思想才能有深度,认知才能趋向高层次,解决问题才能从其本质出发,从根本上解决。

▌延伸阅读

习近平关于防范化解重大风险的重要论述

2012年11月15日,习近平总书记在党的十八届一中全会上指出:"面对复杂多变的国际形势和艰巨繁重的国内改革发展稳定任务，我们一定要居安思危，增强忧患意识、风险意识、责任意识，坚定必胜信念，积极开拓进取，全面做好改革发展稳定各项工作，着力解决经济社会发展中的突出矛盾和问题，有效防范各种潜在风险，努力实现全年经济社会发展预期目标，努力保持社会和谐稳定。"

2020年10月26日，习近平总书记就《中共中央关于制定国民经济和社会发展第十四个五年规划和二〇三五年远景目标的建议》起草的有关情况向党的十九届五中全会作说明时指出："当前和今后一个时期是我国各类矛盾和风险易发期，各种可以预见和难以预见的风险因素明显增多。我们必须坚持统筹发展和安全，增强机遇意识和风险意识，树立底线思维，把困难估计得更充分一些，把风险思考得更深入一些，注重堵漏洞、强弱项，下好先手棋、打好主动仗，有效防范化解各类风险挑战，确保社会主义现代化事业顺利推进。"

2021年1月11日，习近平总书记在省部级主要领导干部学习贯彻党的十九届五中全会精神专题研讨班开班式上指出："随着我国社会主要矛盾变化和国际力量对比深刻调整，必须增强忧患意识、坚持底线思维，随时准备应对更加复杂困难的局面。要坚持政治安全、人民安全、国家利益至上有机统一，既要敢于斗争，也要善于斗争，全面做强自己。"

三、准确把握政策的能力

2023 年 8 月 27 日，习近平总书记在听取新疆维吾尔自治区党委和政府、新疆生产建设兵团工作汇报时强调，要"提高各级领导干部调查研究、把握政策、推进工作、联系群众的能力"。

工作者解决问题，不仅仅是工作中遇到的一些具体问题，更重要的还有如何落实党和国家的政策问题。准确把握政策是工作者解决问题的必备能力。

（一）政策和策略是党的生命

1948 年春，中共中央准备离开陕甘宁边区，进入晋察冀解放区。在离开陕甘宁边区的前夜，即 3 月 20 日，毛泽东为中共中央写了《关于情况的通报》。

毛泽东在分析了当时存在的"左"的偏向和右的偏向的危害及纠正的意义之后，提出了"政策和策略是党的生命，各级领导同志务必充分注意，万万不可粗心大意"①这一重要的论断。毛泽东认为，"只有党的政策和策略全部走上正轨，中国革命才有胜利的可能。"②

毛泽东的这一论断不仅为防止当时"党内右的和'左'的偏向，而主要是'左'的偏向"找到了可靠的落脚点，也指明了政策和策略在未来中国革命和建设中的重大作用。

政策体现党的意志。政策，是国家政权机关和政党组织在一定历史时期内为完成特定的工作任务，而制定的一些代表其意志，以一种权威形式发布的具体行动方针和准则，以及要采取的步骤和措施。

由此定义可以看出，不是哪一个部门、不是哪一个单位、不是哪一个人都可以随意制定政策的，只有国家政权机关和政党组织才有资格制定政策。但不管是政党组织制定的政策，还是国家政权机关制定的政策，它们都是党的意志的具体体现。

党的意志，是党的宗旨、理论、纲领、路线等的统

---

① 《毛泽东选集》第 4 卷，人民出版社 1991 年版，第 1298 页。
② 《毛泽东选集》第 4 卷，人民出版社 1991 年版，第 1298 页。

称。制定政策必须以党的意志为根本遵循。制定政策只有以党的意志为根本遵循，政策才能体现党的意志，才能符合最广大人民群众的根本利益。

政策是党的意志实现的工具和手段。政党的存在、发展和执政，必须具有理论、纲领、路线、方针和政策。

中国共产党作为执政党，是中国特色社会主义事业的领导核心，因此，党不仅要保证自身能健康存在和蓬勃发展，还需要通过提出和运用正确的宗旨、路线、方针和政策，领导制定和实施宪法和法律，采取科学的领导制度和领导方式，动员和组织人民依法管理国家和社会事务、经济和文化事业，有效治党治国治军，建设中国特色社会主义现代化国家。而这也是执政党能够长期执政的重要基础。而宗旨、纲领、路线和方针的实现，是离不开政策这一工具和手段的。

党如果只有宗旨、纲领、路线和方针，而不制定与之相应的具体政策，革命和建设的目标就难以达成。

政策是党的意志的具体化。要把党的意志落到实处，真正在经济社会中发挥重要作用，指导新时代中国特色社会主义现代化建设，必须具体化。政策就是党的意志具体化的重要体现。

从本质上来讲，党和国家的政策都是人民根本意志的反映，而反映人民的根本意志不能只是抽象的要求，而必须有具体的措施，通过这些具体措施的实施来实现人民的根本意志。政策就是其具体的措施。

（二）准确把握政策的基本点

2013 年 3 月 1 日，习近平总书记在中央党校建校 80 周年庆祝大会暨 2013 年春季学期开学典礼上的讲话中指出："学习党的路线方针政策和国家法律法规，这是领导干部开展工作要做的基本准备，也是很重要的政治素养。不掌握这些，你根据什么制定决策、解决问题呀？就很可能会在工作中出这样那样的毛病。"[1]

2013 年 11 月 28 日，习近平总书记在山东省农科院座谈会上进一步强调："对中央工作部署，要准确领会政策要点和要领，不能随意解读，想怎么干就怎么干。"[2]

工作者只有准确把握、正确理解政策，才能有依据、有遵循地解决政策落实中的各种问题，才能把党的正确主张变为群众的自觉行动。那么，工作者如何准确把握、正

---

[1]　习近平：《在中央党校建校 80 周年庆祝大会暨 2013 年春季学期开学典礼上的讲话》，人民出版社 2013 年版，第 8 页。
[2]　《习近平论城镇化工作：倡导"四个注重"坚持以人为核心》，人民网—中国共产党新闻网，2016 年 2 月 26 日。

确理解政策呢?

领会政策出台的背景。一般而言，政策都是针对现实存在的问题而提出来的。现实问题的存在，也许有着历史的原因，也许有着外部环境的因素。工作者要从理论和实践结合的角度领会为什么要制定该政策，即该政策产生的社会条件和社会要求是什么。工作者通过领会政策出台背景，能更好地理解和认清该政策出台的必要性和重要性。

领会政策制定的目的。政策是对社会公共利益的集中反映，是为了避免或减少社会成员之间的利益摩擦，而"对复杂的利益关系进行调整的过程"①。工作者领会政策制定的目的，有益于了解该项政策集中反映了哪些社会公共利益，以便于在落实的过程中为实现政策制定的目的而采取有效措施。

领会政策的内容条款。政策内容条款是领会政策的关键点。政策的内容条款涉及到的都是具体要操作的事项，即允许什么，限制什么；规范什么，调控什么；等等。工作者通过领会政策内容条款，能深刻理解该项政策的内容和精神实质，知其然而知其所以然，明白落实的关键内容所在。

---

① 陈庆云：《公共政策概论》，中国广播电视大学出版社2003年版，第3页。

（三）具体问题还要具体分析

具体问题具体分析是马克思主义活的灵魂。中央的每一项政策，都是面向全国和 14 多亿人口的，不可能是解决每一个地方的具体措施。因此，工作者准确把握政策，必须把中央的精神和当地的实际紧密结合起来，创造性地开展工作。

上级的指示精神，具有宏观性，对下级有着普遍的指导意义；但是，下级的实际情况也有其特殊性。因此，解决问题，应该具体问题具体分析，要在完成好"规定动作"的基础上，根据本地区、本单位的实际情况，积极探索"自选动作"，即结合实际对上级的政策进行创造性地应用，创造性地贯彻落实政策。做到："学好'北京话'，说好'地方话'"，力戒上下一般粗，力戒采取教条主义的态度和方法。

"学好'北京话'，说好'地方话'"，是指解决问题时一定要吃透上级的精神，把握好本地的实际，找准"结合点"，上下有机结合，创造性地落实执行。

具体问题具体分析，要坚持坚定性和原则性，准确把握中央顶层政策的精神实质。中央的顶层政策是管根本、管方向、管大局的。因此，工作者把握了顶层政策的精神实质，就把握了根本，明确了方向，统观了大局。

具体问题具体分析，还要坚持灵活性和创造性，就是不把中央顶层政策当作僵死的教条，而是在准确把握顶层政策精神实质的基础上，根据本地区、本部门、本单位的具体实际情况，创造性地加以执行，把中央政策精神变成鲜活的地方、部门政策实践成果。正如刘少奇所指出的："各地方在执行中央政策的时候，可以而且必须研究当时当地的具体情况，因时因地制宜。在必要的时候，还应该作出某些补充规定，使中央政策更好地同当地群众的经验结合起来。"① 这说的就是灵活性和创造性的问题。

与此同时，刘少奇也强调："中央制定政策，是从全局的情况出发的，同时也考虑地方的特殊情况。中央的政策，既集中体现全局的利益，又照顾局部的利益。因此，各地方的党组织，对于中央的政策，只能够在切实地、不折不扣地贯彻执行的前提下，加以具体化，决不允许借口'情况特殊'、'因地制宜'，而任意修改，甚至拒不执行。"②

刘少奇的这两段话，全面而深刻地说明了工作者应该

---

① 《刘少奇选集》下卷，人民出版社1985年版，第388页。
② 《刘少奇选集》下卷，人民出版社1985年版，第388—389页。

怎样坚持坚定性、原则性与创造性、灵活性的有机统一的问题。

▌延伸阅读

全党都要服从中央

"有一个地方的党组织，曾经写信给中央说，他们要服从上级，但是，常常遇到这样的问题，如果服从了当地上级的规定，就违反了中央的政策；如果服从了中央的政策，就要违反当地上级的规定。这个党组织要求中央回答，他们应该服从哪一个上级？"

"这个党组织提的问题很重要。它所以提出这样的问题，就是因为某些地方，在执行中央政策和国家计划中存在着分散主义，就是因为在那里有一些同中央政策和国家计划相抵触的规定。怎样解决这个矛盾呢？唯一的道路，就是全党都要服从中央。"①

---

① 《刘少奇选集》下卷，人民出版社 1985 年版，第 407 页。

四、卓有成效的沟通能力

沟通是解决问题的关键要素。不论是在工作场域还是在生活环境中，良好的沟通都能有效地促进信息的正确传递，增强团队协作，妥善处理冲突，从而更高效地解决问题，从而避免因信息不对称而产生问题。

古代著名思想家荀子说过："人力不如牛，走不如马，而牛马为用，何也？曰：人能群，彼不能群。"

荀子认为，人的力气不如牛，跑的速度不如马，但是牛马却都能被人所使用，这是为什么呢？因为人能结成群体，而牛马则不能。

人结成群体的主要手段就是沟通。沟通，本意是指开沟使两水相通。如《左传·哀公九年》中就有"秋，吴城邗，沟通江淮"一语。所谓沟通江淮，就是开沟使长江、淮河相通连。后来，沟通的意思引申扩大，用以泛指使两方相通连，也指为求思想达成一致和感情的通畅，疏通彼此的意见。

（一）解决问题需要沟通

在管理学领域，人们常讲一个故事：一个孩子得到一条新裤子。他试了试，发现裤子长了一点。

他请奶奶把裤子剪短一些。奶奶说:"今天的事太多,你去找你妈妈。"孩子去找妈妈,妈妈说:"手头有活正忙,等我忙过了再说。"没办法,他只好去找姐姐。没想到,姐姐有约会,马上就要走。

孩子带着失望的心情入睡了。因为他担心第二天裤子太长没法穿。

奶奶忙完家务事,想起了孙子的裤子,就把裤子剪短了一些;姐姐回来想起这事,也把裤子剪短了一点;妈妈腾出手后,又把裤子剪短了一点。

不用说,这裤子后来不是长得没法穿,而是短得没法穿了。不言而喻,这是没有沟通导致的"要么都不管,要么都来管"的尴尬结果。

工作者要想有效解决工作以及在日常生活中所遇到的问题,沟通必不可少。良好的沟通能帮助工作者更好地理解他人的需求和感受,解决矛盾和问题,从而促进个人和团队的发展。良好的沟通可以有效避免很多问题的产生,提高工作效率和协同配合度。

化解矛盾、增强团结依赖高效沟通。《墨子·耕柱第四十六》中记载了墨子与他的学生耕柱的一段故事:

墨子经常批评他的学生耕柱。时间一长,耕柱有些不高兴了。这一天,他问老师墨子:"我难道就没有比别人好的地方吗？您为何总是批评我？"

墨子反问他说："如果我要上太行山，用一匹良马和一头牛来驾车，你准备鞭策良马还是鞭策牛？"耕柱回答说："我当然是要鞭策良马啦！"

墨子又问："你为什么要鞭策良马？"耕柱回答道："因为良马足以担当重任，值得鞭策。"墨子说："我也认为你足以担当重任，值得鞭策，所以总是批评你。"耕柱恍然大悟。

从师生俩人的对话中，我们不难看出：耕柱的不高兴，源于他没有了解老师的心思。不了解，当然也就谈不上理解了。墨子让耕柱不高兴，源于他没有把自己的想法传递给耕柱，以便让耕柱理解他的想法。自己的想法没有传递出去，别人当然也就无从理解了。

这段故事可以引申出这样一段话：缺乏沟通，形成误解，关系不谐；实施沟通，误解化解，关系和谐。

陈云讲："只有通气，才能团结。""通气"，就是沟通。没有有效沟通，正确的信息得不到传递，错误的信息则会愈加强化，久而久之，矛盾逐步增大，从而影响团结，造成内耗，最终影响工作任务的完成。

有人曾经就"造成管理失误最主要的原因是什么"这个问题向世界五百强的一些高层主管做过调查。调查结果显示，95%以上的高层主管认为，最主要的原因是缺乏有效沟通。

群体组织成员由于性格、认知、思想、需求等各方面的差异，不可避免地会出现各种各样的矛盾。这些矛盾极大地妨碍着组织成员之间的团结。

工作者必须运用正确而得当的方法来化解这些矛盾，"在共同点上把矛盾和各方统一起来"。而有效沟通就是"把矛盾和各方统一起来"的一种重要方法。

（二）有效沟通基本原则

古人云："上下同欲者胜"。工作者要做好工作，解决好工作中存在的各种问题，必须寻求有效的途径来沟通好上下级、同级之间的关系。一般说来，工作者要沟通好各方面的关系，应该遵循以下四个基本原则：

平等待人。平等待人是工作者与他人沟通的一个首要原则。在我们社会主义国家里，只有职业分工的不同，没有尊卑贵贱之分。不管是领导者，还是被领导者，在政治、法律、经济和人格上，都是平等的，都享有同等的权利和义务。工作者只有树立了这种平等的观念，才能与各方面沟通好关系。

诚实守信。诚实守信是做人的根本，也是沟通必须坚持的原则。两千多年前，著名的思想家孔子就反复地告诫他的弟子，要"谨而信"；"与朋友交，言而有信"；"人而无信，不知其可也"；"言忠信，行笃敬，虽蛮貊之邦行矣；言不忠信，行不笃敬，虽州里，行乎哉？"

在孔子看来，为人处世，不要夸夸其谈，但说话要算数；与朋友交往，要言而有信；作为一个人，却不讲信誉，不知怎么可以；如果一个人说话守信用，行为诚实，即使是在蒙昧偏远之地，也可以顺利地自由行动；反之，即使是在本乡本土，也会处处难行。

事实上，做人如此，现代沟通也是这样。一个人如果不讲求诚信，他就不能与他人正常交往，在社会中也难以立足。工作者如果不讲求诚信，他就无法与他人沟通好关系。

诚实守信是立身处事之本。古人云："人先信而后求能"。在古人看来，评价一个人，首先应该看他是否讲信义，随后再论及他的本领如何。

诚实守信是人与人之间相互合作的重要基础。在现代社会，人与人之间的合作是必需的。合作需要有基础，诚信就是重要的基础。合作者如果有一方不遵守诚信，合作就无法继续下去。

不卑不亢。人与人之间，虽然权力有大有小，地位有高有低，财富有多有少，但在人格上是平等的。因此，不管是跟上级沟通，还是跟下属沟通，不管是跟贫困者沟通，还是跟富裕者沟通，态度都应该是不卑不亢。不能"对上像和珅，对下像泰森"。

相互理解。和谐的人际关系最重要的是能相互理解。只有相互理解，才能达到心理认同、心理交融。

人与人之间，由于角色地位的差异，观察问题角度的差异，价值观的差异，不可能对客观事物有着完全统一的认知。因此，工作者一方面不能强求彼此认知的完全一致，另一方面又要找到沟通的融合点，也就是相互理解。比如：作为下属的工作者，要理解领导的难处，多一点理解，少一点偏见，支持领导的工作；作为领导的工作者，要理解下属的不易，多一点关心，少一点责难，为下属的工作、生活和学习创造良好的环境。

（三）四两拨千斤的沟通

多年来，我一直在研究沟通的问题，并讲授沟通的相关课程。在研究、讲授的过程中，我发现善于沟通的人都有一个秘诀，他们善于"四两拨千斤"。

什么是沟通中的"四两拨千斤"？奸商李光昭摆平翁同龢的故事，会给出答案。

这个故事，从政治的角度看，是行贿受贿的问题，必须谴责，不值得再谈。但是，从沟通的视角来看，却是"四两拨千斤"的成功案例，值得思考。

翁同龢是咸丰六年（1856 年）的状元，历任户部侍郎、都察院左都御史，刑部、工部、户部尚书，总理衙门大臣，先后担任同治、光绪两代皇帝的老师。他的"每临大事有静气，不信今时无古贤"，脍炙人口。

翁同龢在任刑部右侍郎期间，处理了很多案件。其中最有影响的是他为众所周知的杨乃武与小白菜这一冤案平反昭雪。

翁同龢在京师任要职 42 年，但却是难得的清廉。怎么说他清廉，据有关资料记载，晚年他被罢官之后，要靠门生故旧接济度日。然而，就是这样一个清流之官，却败在奸商李光昭之手。这要从颐和园的兴建说起。

颐和园始建于公元 1750 年，1860 年在战火中严重损毁，1886 年在原址上重新进行了修缮，1888 年重建，改名"颐和园"。

颐和园的重建，是为了给慈禧祝寿。1894 年，是慈禧的六十寿辰。如何祝寿？慈禧打算"在颐和园受贺，仿康熙、乾隆年间成例，自大内至园，路所经，设彩棚经坛，举行庆典"。于是，颐和园就紧锣密鼓地开始了重建。

根本在于解决实际问题

颐和园重建时，由醇亲王奕譞任主管。光绪十六年
（1890年）十一月（公历1891年1月1日），醇亲王奕譞
去世，庆王奕劻接替了他的位置，成了颐和园的总监工。
这时候，颐和园重建工程即将完工，唯缺南洋木材。

有个叫李光昭的奸商听说了这件事，便想利用南洋木
材大捞一把。怎么捞呢？他知道，办这件大事，得先把皇
上身边的人搞定，尤其是那个太监总管小德子。要是能把
他搞定了，其他的事就顺风顺水了。

但是，要搞定小德子也不是一件容易的事情。思来想
去，李光昭送了小德子一套四合院。

一套四合院搞定了小德子，李光昭见到了庆王奕劻。
见了庆王奕劻，李光昭谎称能为修颐和园弄来南洋木材。
庆王一听，别提多高兴了：老臣我正担心缺南洋木材，完
不了工程呢，这就送上门来了，天助我也。于是，大笔一
挥，批文拨款60万两白银，让他去采购南洋木材。

李光昭拿着批文，乐颠颠地走出了庆王府，去找翁同
龢提款去了。当时，翁同龢担任户部尚书，掌管国库银两
的划拨。

没想到，李光昭碰了个硬钉子。翁同龢不买庆王奕劻
的账，一两白银也没有。李光昭想，我能搞定小德子，搞
定庆王，我就不信搞不了你。

288

等再上门时，李光昭让人肩挑手提拿了一大堆真金白银。

李光昭笑容可掬地来孝敬翁同龢，但翁同龢也不买他那真金白银的账，大骂着让李光昭滚出去，有多远就滚多远。

李光昭不死心，那可是60万两白银啊！李光昭急得像热锅上的蚂蚁。有人给他指点迷津了：翁同龢虽然不爱利，但他爱名，尤其是喜欢别人夸他的书法作品。

于是李光昭花了400多两银子把翁同龢和他老爹翁心存的书法编辑成册，弄了一本书，恭送给翁同龢过目，并在翁同龢面前大肆夸赞翁氏书法。翁同龢一看，自然高兴万分，60万两白银随即拨出。

你看，重金没有把翁同龢拿下，区区400两银子却让翁同龢败下阵来。

我得声明一句，我叙述这个故事可不是教唆别人如何去行贿。我讲这个故事，只是为了单纯说明沟通中的"四两拨千斤"问题。

讲到这里，您明白了吧，所谓沟通中的"四两拨千斤"，就是沟通中要了解沟通对象的需求，然后，满足他的需求，沟通就OK了。说得通俗点，就是以小见大；说得学术点，就是给你一个撬动沟通对象的杠杆。

西方有句谚语："盲人不会因为你送给他穿衣镜而感谢你。"为什么不感谢？因为他不需要。沟通，必须了解沟通对象的需求。

2016年底，一位朋友打电话问我："吃不吃火腿，有朋友寄给我一大包宣威火腿，你们家帮忙把它吃掉怎么样？"我说："宣威火腿挺贵的吧？你们家自己留着吃吧。"她告诉我："好像挺贵，但多贵也没用，我们家从来不吃这种加工肉食品。但人家寄来了，我又没有办法退回去，放在家里也是浪费，所以，你给我帮帮忙。"

我感谢她请我帮忙吃宣威火腿。但我告诉她："我们家基本上是素食，别说是宣威火腿，就是新鲜的猪腿，都不吃。这个忙帮不了啦。"她叹了口气说："唉，真麻烦，我就差扛着火腿满大街吆喝，谁要火腿了。"

我也不知道宣威火腿到底值多少钱，但在猪肉价格不菲的情况下，宣威火腿肯定便宜不了。但是，这价格不菲的宣威火腿在不需要的人眼里就是多余的东西。

多年前，我去某地讲课。课后返京时，邀请方送给我一箱老干妈辣酱。我怎么拒绝，他们都以为我是客气，坚持让我带回北京。

老干妈辣酱对于喜欢吃辣子的人来说，绝对是美味佳肴，但对于我们一家三口都不敢沾辣味的人来讲，这老干妈辣酱就是多余的东西。

由此可见，与人沟通，包括朋友之间人情往来赠送礼物，还真的不能我自己喜欢的，就以为别人一定喜欢。如果不喜欢，咱自己花费了不少银子，还给别人带来麻烦。如果咱们能了解别人的需求，就能"四两拨千斤"了。

有人说，他需求一栋房子，我也给不起呀？要这样说，有点抬杠的意味。话说回来，你给的起，他敢要吗？一栋房子那是行贿受贿的问题了。我讲的是一般的人情往来沟通。

1943 年，马斯洛在他所著的《人类激励理论》一书中，首次提出了需要层次理论。他认为，人类有五个层次的需要：第一级是生理的需要；第二级是安全的需要；第三级是感情的需要；第四级是尊重的需要；第五级是自我实现的需要。

马斯洛的需要层次理论，在一定程度上反映了人类心理活动的共同规律，对于工作者在沟通中了解、判断沟通对象的需求具有非常重要的意义。

对于沟通中了解沟通对象需求的重要性，咱们的老祖宗早就有深刻的认识。古时候虽然没有心理学，但咱们的老祖宗对人的心理揣摩得相当透彻，不服不行。请看《韩非子·说难》中是怎样说的：

如果你所沟通的对象属于追求高尚名声的人，你却用厚利去与他沟通，那么，你就会被看成是节操下贱的人而受到卑贱的待遇，他必然会抛弃或疏远你。

如果你所沟通的对象属于看重利益的人，你却用高尚的名誉去与他沟通，那么，你就会被看成是没有头脑而脱离实际的人，他必然不会重用你。

如果你所沟通的对象心里追求厚利而表面上却是追求高尚名声的人，你却用高尚的名誉去与他沟通，那么，他表面上会重用你而实际上却会疏远你；如果你用厚重的利益去跟他沟通，那么，他暗地里会采用你的意见而表面上会抛弃你。这些情况你不可以不明察。

（原文："所说出于为名高者也，而说之以厚利，则见下节而遇卑贱，必弃远矣；所说出于厚利者也，而说之以名高，则见无心而远事情，必不收矣。所说阴为厚利而显为名高者也，而说之以名高，则阳收其身而实疏之；说之以厚利，则阴用其言显弃其身矣。此不可不察也。"）①

的确是不可以不明察。

人的需要是多种多样的，人们总是在现实生活中去寻求满足。尽管人的需要五花八门，但在某一特定时间里，总是一两种需要占主导和支配地位。这就要求沟通者善于

_____

① 《韩非子校注》，江苏人民出版社 1982 年版，第 112—113 页。

体察人心，了解对方最主要的需求，有的放矢，并采用适当的方式予以激发和满足。

比如，对于一个正饥寒交迫的人，你送给他一块面包和一套保暖衣服，他会对你感恩戴德；你要是送他一套莎士比亚全集，他会觉得你有毛病。

▌延伸阅读

皮尔斯定理

皮尔斯定理，是由美国贝尔电话电报公司实验室著名科学家、"卫星通讯之父"约翰·皮尔斯提出来的。这个定理是说，只有意识到自己的无知，才能有进步。

在古希腊德尔菲有一座阿波罗神庙，这是古希腊人求神谕的重要场所。公元前6世纪左右，这座庙是古希腊人的精神支柱，许多城邦在遇到大事不能决断时，都会到这里请神谕。在阿波罗神庙入口处篆刻有三句非常著名的箴言："认识你自己""凡事勿过度"和"妄立誓则祸近"。其中，"认识你自己"是最为著名的一句。

　　这一名言不仅在古希腊文化中占有重要地位，对后世也产生了非常深远的影响。它强调了认识自我的重要性，鼓励人们深入了解自身的优点、优势以及存在的缺点和不足之处，努力改造和提升发展自己。

　　我国也有一句流传千古的智慧格言："人贵有自知之明"。这句话最早出自中国古代思想家老子的《道德经》第三十三章："知人者智也，自知者明也。"它提醒人们，要对自己的能力和局限有清晰的认识。

责任编辑：刘敬文

封面设计：汪　莹

图书在版编目（CIP）数据

根本在于解决实际问题 / 刘玉瑛著 . -- 北京 ：人民
出版社，2025. 8. -- ISBN 978 - 7 - 01 - 027390 - 7

I. G442

中国国家版本馆 CIP 数据核字第 2025GU6830 号

根本在于解决实际问题

GENBEN ZAIYU JIEJUE SHIJI WENTI

刘玉瑛　著

人民出版社 出版发行

（100706　北京市东城区隆福寺街 99 号）

中煤（北京）印务有限公司印刷　新华书店经销

2025 年 8 月第 1 版　2025 年 8 月北京第 1 次印刷

开本：880 毫米 ×1230 毫米 1/32　印张：9.75

字数：160 千字

ISBN 978 - 7 - 01 - 027390 - 7　定价：45.00 元

邮购地址 100706　北京市东城区隆福寺街 99 号

人民东方图书销售中心　电话（010）65250042　65289539